Bernhard Offermanns

Bernhard Offermanns

Ein anderes Wort für Erfolg ? Tun!

Spezial Edition

Wer die Fähigkeit erlernt, das Gefühl des Glaubens zu entwickeln, und ganz feste an sich selbst glaubt, der versetzt kleine Welten und alle Berge auf Erden.

Nur durch das Tun eignet man sich das Wissen an, wenn Sie es nicht tun, werden Sie nie Wissen erlangen.

Wir wurden erschaffen von einem Schöpfer! Der Geist überlebt die Materie, wer gläubig ist und danach lebt, ist nicht tot, wenn er stirbt. Jeder Einzelene der glaubt stirbt nur körperlich, und unser Ich lebt unverändert weiter in einem neuen Körper und im Paradies.

Copyright Bernhard Offermanns (Standard Copyright Lizenz)
Ausgabe Spezial Edition Juni 22, 2009 Sprache Deutsch – LuLu.com

Umwelthinweis:
Alle bedruckten Materialien dieses Taschenbuches
Sind chlorfrei und umweltschonend.

Taschenbuchausgabe Juni 2010 – Entwurf und Vertrieb durch LuLu.com
Deutsche Erstausgabe - Veröffentlicht von LuLu.com
Dieses Buch wurde digital nach dem neuen „book on demand" Verfahren gedruckt.
Für den Inhalt und die Rechte ist der Autor verantwortlich.

Copyright © 2006 By Bernhard Offermanns .
Printed in Germanie .

1 Auflage 2010 Alle Rechte vorbehalten .
Gedruckt auf umweltfreundlichem, chlor- und säurefrei gebleichtem Papier

Inhalt

Vorwort .	6
Zum Geleit des Buches .	7
Was sind wir?	11
Gibt es eine Seele.	15
Mein Erlebnis!	19
Mein Erlebnis 2	22
Die Geschichte vom Herrn der Seele .	23
Sich selbst lieben	31
Mit Menschen umgehen.	37
Wie Sie den Herrn der Seele rufen	40
Für die Frau .	46
Motivation .	50
Es gibt keine Zufälle.	57
Vorstellungskraft .	60
Suggestionswörter .	62
Die neue Art von Schule .	64
Zum Abschluss .	66
Im Anhang. (Warum wir uns verlieben)	90

Vorwort

Bevor Sie dieses Buch lesen:

Würde es einen Roboter geben, der genauso funktioniert wie ein Mensch, dann würde seine Entwicklung noch 15.000 Jahre dauern und das gesamte Vermögen der Welt verschlingen! Denken Sie mal da rüber nach, wie wertvoll Sie sind.
Die Chemie des menschlichen Organismus ist sehr umfangreich, für jedes Gefühl, das wir erleben und empfinden, gibt es in unserem Körper eine chemische Reaktion und kann durch Gedanken verändert werden.
Dieses kleine Buch ist sehr einfach geschrieben, sodass es jeder verstehen kann: Ich empfehle jedoch, das Buch mehr als nur einmal zu lesen!
Der Titel des Buches mag Ihnen etwas seltsam vorkommen, jedoch werden Sie beim Lesen feststellen, wie normal es ist, gewisse Dinge zu verstehen.
Sie werden auch feststellen, dass die Realität unsere Natur ist. Auch wenn es sich um Dinge handelt, die Sie nicht sehen können. Gedanken können Sie nicht sehen, jedoch bewegen sie Dinge und Ereignisse in unserem Leben.
Alles, was außerhalb der Sinnesorgane geschieht, empfinden wir als nicht normal und außergewöhnlich, jedoch gehören auch solche Ereignisse zu unserem Leben.

Zum Geleit des Buches

Sicherlich werden Sie sich wohl die Frage stellen: „Warum schon wieder ein Buch über das Leben nach dem Tod?"
Sie mögen wohl Recht haben! Jedoch ist dieses Buch so geschrieben, dass es jeder verstehen kann, hinzu kommt noch, dass dieses Buch einen wissenschaftlichen Hintergrund hat und es auch für Jugendliche zu verstehen ist.
Mit der Aussage „Wieder-Geburts-Merkmale „Oder die Motivation zum Leben ist es wohl nicht so ganz getan, ich habe beim schreiben auch darauf geachtet, dass dieses Buch zu einem fast abenteuerlichen Leseerlebnis wird.
Das Buch ist informativ, knapp und handbuchartig gehalten und soll allen Lesern Zufriedenheit, Lebensfreude und Glück bringen.
Wenn Sie sich den Inhalt des Buches zu Herzen nehmen, wird es auch Ihr Leben entscheidend verändern und Sie besser mit Ihrem Leben zu Recht kommen lassen.
Beim Lesen des Buches können Sie nicht sehen, dass eine 5-jährige Arbeit in diesem Buch steckt! Nicht das Schreiben des Buches, sondern das Wissen sich anzueignen über so ein Thema ein Buch schreiben zu können.
Zu beachten ist auch, dass dieses Buch eine Kombination zwischen meinem erst geschriebenen Buch ist
(„Spielregeln des Lebens") und als Erweiterung in („Herr der Seele") und Motivation zum Leben weitergeführt wurde. Auch wenn dieses Buch ein wenig kurz und bündig geschrieben ist, soll es Sie zum Nachdenken bringen, dieses Buch ist für Sie geschrieben worden.
Wenn ich schreibe, bin ich ein völlig anderer Mensch, mit einer fremden und einer eigenen Persönlichkeit. Jeder Mensch hat mehr als nur eine Persönlichkeit, außergewöhnliche Persönlichkeiten, entstehen durch Gedanken und handeln.

Bitte lesen Sie das Buch so, als wäre ich Ihr persönlicher Freund! Denken Sie immer daran, dass dieses Buch Ihr Ansporn, Ihre Motivation, Ihr Denken und Ihr Handeln verändern kann, wenn Sie dazu bereit sind, anders zu denken, wird sich auch Ihr Leben verändern.

Der Herr der Seele sagt!

Unsere innerlichen Gedanken zeigen unser äußeres Ich. Wenn wir es erlernen, mit positiven Gedanken den Tag zu verbringen, zeigt sich auch das positive Äußere in uns.
Unser Körper reagiert positiver, wir sind leistungsfähiger, freundlicher, wir lachen mehr, wir handeln schneller, unser Schritt und Gang ist rasanter, wir fühlen uns leichter und sind für so einiges offen und stehen den Problemen des Alltags anders gegenüber.
Positive Gedanken erhöhen die Leistungsfähigkeit in unserem Körper und im positiven Zustand sollten wir unsere Ziele setzen, um zum Erfolg unserer Ziele zu gelangen.
Die Willenskraft und der Glaube stecken in jedem von uns, wir finden sie nicht in unseren Organen, sondern sie sind eine Empfindung der Seele.
Willenskraft und Glaube entstehen durch positive Gedanken, diese Elemente sind eine chemische Reaktion in unserem Körper und durch diese chemische Reak
tion entstehen die Kraft und der Wille zum Kämpfer, der sein Ziel erreichen möchte und daran glaubt! Wer die Fähigkeit erlernt, das Gefühl des Glaubens zu entwickeln, und ganz fest an das glaubt, was er tut, der hat die Macht, alle Berge auf Erden zu versetzen.
Deine positiven Gedanken prägen deine äußerliche Persönlichkeit, deine Zukunft, die Willenskraft, den Kämpfer, deinen Mut zum Erfolg, die Ausdauer für deine Ziele, die Kraft, das Gefühl und den Glauben.

All diese Dinge werden durch positive Gedanken in deinem Körper hervorgerufen, es ist immer der Gedanke, der zählt, in negativer wie in positiver Hinsicht.

Alle chemischen Reaktionen beginnen mit einem Gedanken im Kopf und durch diese chemische Reaktion handelt unser Körper, Organismus, Motorik, Gefühl und Glaube.
Diese chemischen Elemente, die so wundervoll sind, die so unglaublich klingen, sind das Leben unserer Seele oder anders gesagt: die Flüssigkeit und das Geheimnis des Lebens.
In den chemischen Elementen des Körpers liegt ganz tief verborgen das Geheimnis des Lebens, jede einzelne Zelle in unserem Körper reagiert auf Gedanken.
Das Gehirn und dessen Erinnerungsvermögen sind unerschöpflich.
Im Erinnerungsvermögen des Gehirns liegen tief in unseren Zellen das Entstehungsgeheimnis und die Schöpfung der Menschen.
Hier gilt es zu forschen und wenn wir das Geheimnis der Seele lüften wollen, sollte es die Aufgabe eines jeden
jeden Wissenschaftlers sein, die chemischen Elemente in unserem Körper zu erforschen.

Der Herr der Seele sagt!

Im Geheimnis des Lebens lebe ich und mit euch zusammen werden wir alle diese Geheimnisse offenbaren.
In all diesen chemischen Elementen liegt das Geheimnis der Seele, des Lebens und des Todes.
Auch der Tod hat eine Ordnung und einen Plan, jeder Mensch, der geboren wird, hat einen sogenannten Feind, der jedoch in Wirklichkeit gar kein Feind ist, sondern die Hilfe zu neuem Leben.
Dieser Feind begleitet uns jede Sekunde, jede Stunde, jeden Tag, jeden Monat und Jahr für Jahr und unter Umständen ein ganzes Leben lang.

Seien wir uns dessen bewusst, dass auch das Geheimnis des Todes in den chemischen Elementen des Körpers zu finden ist.

Seien wir uns auch darüber bewusst, dass, wenn Sie geboren werden, Sie gleichzeitig vom Herrn der Seele eine Aufgabe bekommen haben, diese Aufgabe müssen Sie erfüllen! Denn Sie haben die Gelegenheit bekommen, auf dieser Welt zu weilen, und das hat einen Grund, alles in unserem Leben hat einen Grund und einen Sinn.

Meine Aufgabe ist es, euch mitzuteilen, dass es eine Seele gibt! Und wir alle Herr über unsere Seele und Gedanken sind.

Ein jeder möchte ein Herrscher oder König sein, doch keiner kennt den Herrn und den König in sich selbst.

Finden Sie heraus, welche Aufgabe Sie haben! Sie haben auch eine Bestimmung, ich weiß es, sonst wären Sie nicht hier und würden dieses Buch lesen.

Wenn wir selbst die Schöpfer unsere Realität sind, warum erschaffen wir dann nicht ein Leben voll Gesundheit, Liebe, Glück, Harmonie, Fülle und Erfolg? Genau das sollten wir uns zu Herzen nehmen, denn wir Menschen sind dafür verantwortlich unser Leben selbst zu gestallten.

Das was der Beginn einer unglaublichen Entdeckungsreise, womit man Positives denken zur reallität werden lassen kann . Nur das Ergebnis dieser jahrelangen Arbeit vollendet die Erschaffung der Realität die man selbst auch wirklich haben möchte. Damit habe ich nach Jahren des Chaos und des Mangels mein Leben absolviert organisiert und verwirklicht. Damit habe ich das Leid, den Mangel und den Kampf beendet. . Damit habe ich in wenigen Monaten gelernt, wie eine glückliche Beziehung geschaffen wird, wie man seine Mitmenschen führt und begeistert. Ich bin kein besonderer Mensch! Sondern nur wie du und ich . Ich bin Praktiker, der das große Wissen um unsere Existenz wirklich begriffen hat und lebt. Ich habe mein negatives Leben damit zum Positiven gewandelt. Ich bin heute an einem Punkt angelangt womit ich die Freiheit lebe die in jedem von uns steckt, und ich bin in der Lage Ihnen zu zeigen, wie Sie das auch können ,denn Sie sind ein Mensch wie ich.

Was sind wir?

In allererster Linie sind wir Menschen! Menschen mit Leib und Seele. Menschen! Und das sollte uns bewusst sein, wir sind Menschen, die durch bioelektrische, chemische und physikalische Energien denken und leben. Menschen, die man achten, ehren und lieben sollte, unabhängig von Rasse und Hautfarbe.

Wir Menschen äußern uns durch das Nervensystem, Gefühle, Körpersprache, Rhetorik, Emotionen, Mimik und vor allem durch unsere Sprache.

Sie werden erfahren, dass wir Menschen eine eigene Aura besitzen! Eine Aura aus chemischer Energie, die unseren Körper aus astralartigem Nebel umgibt, und dass wir alle der Herr über unsere Seele und Gedanken sind.

Unser Denken ist das Sein! Denken ist Wirken, so wie wir denken, so leben wir.

Das Wachbewusstsein denkt und das Unterbewusstsein lenkt und lässt unseren Körper danach handeln. Wenn Sie einen Stein ins Wasser werfen, zieht der Aufprall des Steins die Wellen des Wassers nach vorne, so ungefähr müssen Sie sich die Impulse Ihrer Gedanken vorstellen. Die Gedankenimpulse ziehen immer nach vorne, dies ist ein physikalisches Gesetz!

Wichtig ist nur, dass wir sehr darauf achten, dass diese Impulse positiver Natur sind. Denn auch negative Gedanken ziehen ihre Wellen nach vorne.

Erst wenn das positive Denken zu Fleisch und Blut geworden ist, stimmen die bioelektrische Chemie in unserem Körper und die Harmonie der Seele.

Mit positivem Denken bewirken Sie, dass Sie positiv leben und dass positive Ereignisse im Leben auf Sie zukommen, ob Sie es wollen oder auch nicht, mit positiven Gedanken lassen wir den Herrn der Seele leben.

Anzuerkennen, dass unsere Gedanken aus Energie bestehen, ist der erste Schritt, zu verstehen, dass der Geist existent ist. Alles Sichtbare ist Energie, besteht aus Materie, ist fühlbar und anfassbar.
Der seelische Geist, dessen Motorik der Gedanke ist, bildet die Energie und den Mechanismus im Einklang mit dem bioelektrisch-chemischen Körper. Das Denken, das von Überzeugung und Glaube getragen ist, erzeugt die Energie, die sichtbar ist, die Wirkung, Realität und Funktionalität darstellt.

Alle Dinge, die es auf Erden gibt, sind zuvor erdacht worden, es ist der Gedanke, der zählt, der alles vollendet, der uns alle Möglichkeiten gibt, der uns arm und reich macht, der uns krank und schlecht macht, der uns Kriege führen lässt und unsere Erde vernichtet.
Seien wir vorsichtig mit unseren Gedanken, die so eine unendliche Macht haben, alles im Leben zu verändern, auch die chemische Reaktion in unserem Körper. Es ist eine absolute Realität, dass Gedanken elektromagnetische Schwingungen (Wellen) sind, die durch Raum und Zeit wandern. Die Gedanken sind eine physikalische subatomare funktionierende Einheit.

Als Mensch sind wir ideal! Wir haben alles, was wir brauchen!
Einen funktionierenden Körper mit Organen und eine sich veränderbare Chemie. Jeder von uns ist einzigartig! Jeder von uns hat seine eigene Aura, seine eigene Persönlichkeit und sein eigenes Ich und jeder von uns ist sein eigener Herr der Seele und der Herr seiner Gedanken.

Dass aller Wichtigste ist: Wir sind Menschen! Und das unterscheidet uns vom Tier, obwohl der Mensch selbst von Natur aus unter Extrembedingungen zum Tier werden kann.
Es ist besser, sich von dem Herrn der Seele führen zu lassen und sein Schicksal selber in die Hand zu nehmen, denn nur du allein bist für deine Zukunft verantwortlich! Mitleid ist kostenlos.

Alle, die sich von der bösen Göttin führen lassen, werden später feststellen müssen, dass sie geführt und verführt wurden.

Selbst der beste Freund oder Menschenführer kann dich nicht zum Ziel führen.

Der Herr der Seele sagt: „Lass dich nicht von einer sogenannten gutwilligen Gesellschaft führen, denn wenn du dich davon führen lässt, ist das kein kluger Seelenforscher und auch kein wohlgemeinter Freund, sondern eine eiskalte Maschinerie, die dich dort hinführt, wo man dich braucht und verbraucht bis zum bitteren Ende."

Wir haben die Macht zu denken! Und mit positiven Gedanken können Sie sich selbst und andere Menschen führen.

Mit Gedanken kann man schon so einiges bewegen. Gedanken bringen Ereignisse in unser Leben, wichtig ist nur, wie wir denken: Das positive Denken ist das Geheimnis unserer Macht und das Geheimnis der Seele.

Gedanken sind Kräfte! Sozusagen antimaterielle magische Energien, ungefähr wie der Strom aus der Steckdose. Sie merken seine Kraft, können ihn jedoch nicht sehen.

Denn so, wie wir täglich denken, werden wir in Zukunft leben! Das was du denkst, das bist du.

Oder einfacher gesagt: Deine Gedanken prägen deine Persönlichkeit und deine Zukunft.

Das kluge Erkennen der geheimnisvollen Gesetze des menschlichen Wesens und der menschlichen Gesellschaft kann uns helfen eine eigene Persönlichkeit darzustellen und zu sein.

Das Immunsystem in unserem Körper reagiert durch Gedanken. Jedes Bakterium, jede Zelle, selbst unser Blut, das aus Milliarden von Zelleinheiten besteht, reagiert durch unsere Gedanken.

Unsere Organe, so wie das Herz, die Nieren, die Lungen, der Darm und die Haut, das Nervensystem haben sozusagen motorische Funktionen, die dafür zuständig sind, dass wir einen Pulsschlag in unseren Adern verspüren, dass wir atmen können und dass unser Blut durch die Nieren gereinigt wird und dass über unser Nervensystem die Haut und unsere Empfindungen fühlen und tasten können.

Jedoch ohne die Chemie in unserem Körper, die durch unsere Gedanken reagiert, hätten wir keine Möglichkeit unseren Körper gesund zu halten.

Allein der Gedanke über eine Krankheit lässt unsere körperliche Chemie reagieren.
Wenn wir jemandem Blut abnehmen und dieses Blut unter ein Mikroskop legen, kann man den Überlebenskampf der einzelnen Zellen beobachten und nach einer gewissen Zeit stirbt diese Kultur des Blutes ab.
Anders ist es jedoch, wenn Sie eine tiefe Wunde an Ihrem Finger hätten und würden dann diesen Finger unter ein Mikroskop halten, könnte man beobachten, dass die Zellkultur des Blutes ganz andere Reaktionen ausübt, und je nachdem, was Sie in diesen Moment denken, reagiert auch die Zellstruktur des Blutes wieder ganz, ganz anders.
Um es etwas anders zu formulieren: Die Chemie in unserem Körper ist das Benzin für unsere motorischen Organe.
Die funktionale chemische Reaktion und Harmonie in unserem Körper wird über die Gedanken gesteuert.
Wenn Sie denken, dass Sie krank sind und ganz fest davon überzeugt sind, dann sind Sie auch wirklich krank.
Der Herr in unserer Seele lebt in uns, um mit ihm zusammen ein wundervolles, gesundes Leben zu führen. Er ist derjenige, der uns helfen kann zu lernen und wie wir mit positiven Gedanken und Handeln ein wundervolles Leben führen können, wenn wir dazu bereit sind, den Herrn der Seele zu rufen.

Wir sollten die böse Göttin in uns nicht akzeptieren und uns auch nicht von ihr verleiten lassen, auch wenn sie noch so schön ist.
Alles im Leben hat einen Sinn und einen Grund! Egal was für ein Ereignis es auch sein mag, nichts im Leben geschieht ohne einen Sinn und einen Grund.

Und alles, was es auf dieser Welt gibt, das lebt auch! Sei es die Pflanze, das Wasser, der Stein oder der Sand in unseren Augen.

Gibt es eine Seele

Ja! Es gibt eine Seele!

Anhaltspunkte dafür liefern die Parapsychologen, meines Erachtens sind die Parapsychologen der Seele sehr nah. Diese Leute haben erkannt, dass die Seele eine feinstoffliche Plasmachemie ist, die jeder Mensch besitzt! Ein sogenannter Astralkörper.
Dieser Astralkörper (Seele) besitzt die Fähigkeit, den physischen Körper, unseren Leib, zu verlassen; er liegt außerhalb der Sinnesorgane und ist für uns somit nur beim Ausscheiden aus dem physischen Körper sichtbar und unter gewissen Umständen auch während der Lebenszeit. Der gläubige Mensch wird zwischen zeitlich geboren, um am Ende für ewig im Paradies zu leben.

Diese mentale Seele lebt in unserem Körper und gibt der biologischen Chemie des Körpers die nötige Energie, die wir brauchen zum Leben. Diese Seelenenergie ist und bleibt stabil, nur die chemischen Elemente in unserem Körper sind durch Drogen und Gedanken beeinflussbar.

Es besteht sogar die Möglichkeit, die chemischen Elemente der Seele zu verändern oder den physischen Körper von der Seele zu trennen – deshalb spreche ich hier auch von der Reise aus dem Ich.
Die Reise aus dem Ich geschieht auch, wenn wir sterben müssen, unser biologischer Körper bleibt zurück! Doch die Seele lebt weiter in

Zeit und Raum. Es ist eine unwiderrufliche Tatsache, dass es die Seelenwanderung gibt, dafür gibt es auch Beweise. Auch wenn Sie sich verlieben, geschieht das nur, weil Sie diesen Menschen schon aus einem anderen Leben kennen. Die Seele können wir noch nicht sehen und auch nicht schmecken, jedoch können wir sie empfinden und physisch fühlen.

Auch unser Zeitgefühl ist eine Empfindung dieser Seele! Was man vor zehn oder zwanzig Jahren erlebt hat, kommt uns so vor, als sei es erst gestern gewesen, das liegt daran, dass die Seele nicht von Raum und Zeit abhängig ist. Für die existierende Seele sind auch 100 Jahre erst gestern gewesen. Der menschliche Körper, in der sich die Seele befindet, altert, jedoch die Seele nie.

Diese Seele, dieses Etwas, es lässt uns leben, es lässt uns atmen, es lässt uns sprechen, es gibt uns unsere Geburt und unsere Lebenszeit, es ist unser Ich!

Den Rest übernimmt der organische Körper! Jedoch seien wir vorsichtig! Die Seele kann auch krank werden, diese Seele ist Träger für unsere Gefühle und Empfindungen, Begierden und Träume.

Ist die Seele krank, so nennt man das auch den sogenannten zweiten Tod, der Seelenschmerz dauert etwas länger als eine Verletzung am physischen Körper. Diese Verletzung kann man verbinden und sie heilt. Jedoch die Seele können Sie nicht verbinden, diese ist nicht materiell zu sehen, nur zu empfinden!

Dieser Astralkörper (Seele) gibt uns auch unser Lachen, unser Glücksgefühl, unser Verlieben, unsere Traurigkeit, unsere Emotionen, unseren Trieb, unser Verlangen und lässt uns auch ein Mörder sein! Alles steckt in uns! Der Bettler und der König.

Tatsache ist, dass die Seele sich in der Chemie des physikalischen Körpers befindet und eigenständige Reaktionen ausüben kann. Diese Seele, der sogenannte Astralkörper, besitzt die Fähigkeit, sich von der biologischen Chemie des Körpers zu trennen. Und sie kann als Lichtnebel in den ungeborenen Fötus eindringen, somit bekommen der Fötus und die Bildung des Embryos die Energie zum Leben, so wie eine Batterie, die man braucht, um ein Gerät laufen zu lassen.

Ich spreche hier nicht von Geister oder Fantasien, sondern von Tatsachen! Menschen, die schon mal kurz vor dem Tod gestanden sind, behaupten ein Licht zu sehen! Das ist richtig: Denn dieses Licht ist zu sehen, wenn sich der Astralkörper von der Chemie des Körpers trennt.

Bei dieser Trennung geschehen eine chemische Reaktion und eine neue Bewusstseinsphase – vom Ichbewusstsein zum Mentalbewusstsein. Dieses Mentalbewusstsein (Astralkörper) geht in den ungeborenen Fötus ein und gibt uns eine neue Wiedergeburt! Dies ist kein Glaube, sondern eine unwiderrufliche Tatsache, das bedeutet: eine kurze Zeit getrennt sein vom physischen Körper! Somit bedeutet der Tod keine endgültige Vernichtung des Ichbewusstseins.

Die Verstorbenen gehen somit nur optisch von uns und bleiben mit der getrennten Seele hier auf Erden und agieren später mit einem neuen Körper.

Im Klartext gesagt: ohne Geburt kein Tod und ohne Tod keine Neugeburt. Bevor Sie geboren wurden, wussten Sie nicht, dass Sie jemals auf diese Welt kommen würden, nach dem Tod wissen Sie nicht, ob Sie jemals auf dieser Welt waren, mit Ausnahme der Menschen, die sich an ein voriges Leben auf dieser Welt erinnern können. Jedoch diese Menschen, besitzen an ihrem Körper sogenannte Wiedergeburtsmerkmale. Diese sollen durch einen gewaltsamen Tod zustande kommen, und werden dadurch auch auf dem neuen Körper geprägt, sozusagen als nicht verlöschte Merkmale. Einige Fälle dieser Art sind dokumentarisch festgehalten. Der jenige, der unter dramatischen Umständen stirbt, überträgt Narben und Muttermerkmale psychokinetisch auf seinen neuen Körper.

Somit kann man festhalten und sagen, dass der Tod nicht das Ende aller Tage ist, und dass die Seele existent ist, und wir alle der Herr unserer eigenen Seele sind.

Diese wundervolle Seele existiert! Und es sollte uns bewusst sein, dass die Seele durch chemisch-physikalische Gesetze lebt und dass wir Menschen der eigene Herr über unsere Seele sind und der Herr unserer Gedanken.
Halten wir unsere Seele in die Sonne, denn die Sonne scheint jeden Tag! Auch wenn Wolken davor sind. Pflegen wir das Wunder Seele so gut wie nur möglich, denn es bleibt uns noch eine sehr, sehr lange Zeit erhalten.

Merken wir uns, dass positive Gedanken positive Ereignisse hervorrufen und dass auch die Gedanken unsere Seele gesund halten, denn in unserem tiefen Innern lebt der Herr der Seele, Sie sind der Herr über Ihre Seele und Ihrer Gedanken.

Das Buch trägt den Untertitel „Leben wir öfter als einmal?".
Diese Frage möchte ich mit Ja beantworten, auch wenn viele meiner Mitmenschen anderer Meinung sind.

Es gibt einige feste Beweise, die das bestätigen, da gibt es zum ersten die Rückführung über das Unterbewusstsein in eine andere erlebte Zeit. Zweitens die Wiedergeburtsmerkmale, mit denen manche Menschen auf dieser Welt wiedergeboren werden.
Drittens das Fühlen von außersinnlichen Wahrnehmungen und die Aussagen des Vorlebens. Viertens unsere sogenannten verrückten Menschen, die bedingt durch eine Persönlichkeitsspaltung in einer geschlossenen Anstalt leben.

Hier zweifelt auch das Wissen von Psychologen und Biologen, diese haben mit Sicherheit für jedes Verhalten eine Bezeichnung und einen Namen. Es ist unwiderruflich, dass es die Geisteskrankheiten gibt, jedoch sind nicht alle Faktoren der Geisteskrankheit zuzuordnen.

Unser Wissen in diesem Bereich steckt sozusagen noch in den Kinderschuhen und es bedarf noch einer langen Forschung in diesem Bereich.
Im Grunde genommen sind wir Menschen alle ein bisschen verrückt! Und es bleibt die Frage, wer die Verrückten sind. Die, die man eingeschlossen hat, oder die in Freiheit leben, weil sie den Zauber der Täuschung verstehen.
Bitte missverstehen Sie das nicht, es ist das Unwissen des Wissens über die Geisteskrankheiten.
Was jedoch zu bejahen ist, ist die Tatsache, dass es einen neuen Wissenschaftsbereich gibt, die Wissenschaft der Parapsychologen.

Lange Zeit wurden die Parapsychologen nicht anerkannt, mittlerweile sind diese Leute zum festen Bestandteil in der Menschenforschung geworden.
Ein Meilenstein in dem Wissen der Menschen! Mit Sicherheit eine der besten Entscheidungen, um hinter das Wissen über den Tod zu gelangen.

Mein Erlebnis!

Zum Thema Wiedergeburtsmerkmale! Mitmenschen sollte man immer beachten und ehren, es können auch Menschen sein, die Sie aus einem anderen Leben schon kennen oder kannten.
Ich möchte Ihnen jetzt ein Erlebnis erzählen, das mich 1991 dazu bewegte, anders und positiver über meine Mitmenschen zu denken.
Wir schreiben das Jahr 1991, aus beruflichen Gründen musste ich mit der Dachdeckerfirma, bei der ich zu dieser Zeit beschäftigt war, für 14 Tage zum Ostblock – Insel Rügen.
Wir fuhren Montagmorgen gegen 6 Uhr von Aachen ab und kamen gegen 19 Uhr abends in dem Ort Stralsund auf Rügen an.
Am Dienstag hatten wir unseren ersten Arbeitstag auf der Insel Rügen, gegen 12 Uhr 30 hatten wir Mittagspause, und wie ich da so

saß und mein Brot aß, bemerkte ich einen Jungen, der an der Baustelle vorüberging!

Der Junge sagte zu mir: „Hallo!" Ich erwiderte sein Hallo. Das war's erst einmal.
Am nächsten Tag erschien der Junge schon wieder, diesmal setzte er sich einfach zu mir und sagte: „Hallo!" Ich erwiderte. Ich fragte ihn, ob er nicht in der Schule sein sollte, er sagte Nein, die Schule sei schon zu Ende. Plötzlich sagte er, dass er einen Freund sucht, und erzählte mir, er habe keine Freunde, worauf ich fragte: „Warum nicht?" Er antwortete mit den Worten, die Jungs aus der Schule wollen mit ihm nichts zu tun haben.
Sie sagten immer, er sei krank und nicht normal. „Warum sagen deine Schulkameraden denn so was?", fragte ich.
Er sagte, er würde des Öfteren träumen davon, dass er erschossen wird.

Erst einmal wusste ich keine Antwort zu geben, doch dann sagte er, er habe auch eine Narbe am Hals, mit dieser sei er geboren worden. Ich sagte: „Darf ich die Narbe mal sehen?" Und er zeigte sie mir.
Die Narbe saß genau oberhalb am Nacken, es sah so aus, als hätte man dem Jungen einen Genickschuss gegeben.
Ich sagte zu ihm: „Warst du denn schon mal damit beim Doktor?" Er antwortete: „Ja, mit meiner Mutter." „Und was hat der Doktor gesagt?", fragte ich. „Der Doktor sagte, dass sei eine Pigmentstörung der Haut."
„Glaubst du denn dem Onkel Doktor?", sagte ich. „Nein!", erwiderte er, „ich werde in meinem Traum erschossen. Jedes Mal, wenn ich diesen Traum habe, werde ich plötzlich wach und erschrecke mich."
Ich sagte: „Darf ich die Narbe noch einmal sehen?", und er zeigte sie mir zum zweiten Male. Für mich sah es wirklich so aus, als sei es ein Einstich oder ein rundförmiges, narbenartiges Muttermal.

Ich nahm meinen Zollstock, den ich in der Tasche hatte, zur Hand und maß die Größe der Narbe: 7,5 mm x 4 mm. Plötzlich hörte ich eine laute Frauenstimme:
„Hans! Komm nach Hause!" Es war seine Mutter, die ihn holen kam.

Ich sprach die Frau auf diese Narbe an und sie sagte, das wäre alles schon geklärt und sie habe andere Probleme als so was und meinte, ihr Sohn hätte sehr viel Fantasie.

Sie nahm den Jungen an der Hand und ging mit ihm fort, ich habe diesen Jungen seitdem nicht mehr gesehen, ich weiß nur, dass er Hans hieß und 12 Jahre alt war.

Jedoch dieses Erlebnis ließ mir keine Ruhe. Als ich wieder in Aachen war, fragte ich meinen alten Herrn, der zu dieser Zeit schon 70 Jahre alt war und den Zweiten Weltkrieg miterlebt hatte, ob es im Krieg eine Waffe gegeben hatte, die das Kaliber 7,5 mm x 4 mm hat?
Mein Vater sagte Ja! Es sei die Dienstwaffe der Soldaten im Zweiten Weltkrieg Marke Luger.

Mein Vater fragte, warum ich das wissen wolle, ich sagte: „Nur so."
Ich habe ihm dieses Erlebnis nicht erzählt.
Ich wollte jedoch noch viel mehr darüber wissen, denn dieses Erlebnis wollte ich hinterfragen.
Ich ging in eine Buchhandlung und suchte ein spezielles Buch über das Leben nach dem Tode.
Ich fand ein Buch von Prof. Dr. Rezat H. Bayer, der 150 gut dokumentierte
Fälle von Personen mit solchen (Wiedergeburtszeichen) gesammelt hatte.
Durch die gelesenen Berichte in diesem Buch haben sich viele meiner Fragen von selbst beantwortet, ich finde das Buch von Dr.Rezat Bayer wissenschaftlich sehr wertvoll, und spreche hier meinen Dank aus.

Mein Erlebnis 2

24. Dezember 1992, es ist Heiligabend, ich brachte wie schon so oft meine Tochter Stephanie zu Bett: Sie war zu dieser Zeit 7 Jahre alt.
Ich erzählte ihr eine Geschichte aus einem Buch! Und nach einer Zeit fiel sie in den Schlaf, ich streichelte ihr durch das Haar, deckte sie zu und wollte gerade das Licht ausmachen, als sie zu mir sagte: „Papa, du musst den Mann holen im Dricherhof!" Mein erster Gedanke war: „Sie muss wohl träumen."
Ich ging nochmals zu ihrem Bett und stellte zu meiner Verwunderung fest, dass sie wirklich eingeschlafen war.

Sie träumte wohl davon, wie sie ihren Tag erlebt hat: Sie hatte auf dem Dricherhof eine Freundin, mit der sie sehr oft zusammen war, übrigens der Dricherhof ist ein Bezirk in Aachen Brand.
Jedoch ihre Worte „Papa, du musst den Mann im Dricherhof holen" ließen mir keine Ruhe, ich sagte zu meiner Frau: „Ich fahr mal zum Dricherhof", worauf sie mir die Frage stellte: „Warum?" Ich sagte zu ihr: „Ich habe das Gefühl, dass da jemand Hilfe braucht." Sie sagte zu mir: „Bleib bitte nicht so lange, es ist Heiligabend!" Ich sagte, ich werde mich beeilen.

Als ich mit meinem Wagen auf der Königsberger entlangfuhr, sah ich auf einer Bank an der Bushaltestelle einen Mann liegen. Es war sehr kalt an diesem Heiligabend und der alte Mann war alkoholisiert. Meines Erachtens war der Mann unterkühlt und auch kaum ansprechbar, ich rief von der Telefonzelle einen Krankenwagen an und ließ den Mann dort abholen.

Mitgefahren bin ich nicht! Jedoch war ich mir doch ziemlich sicher, dass der Mann gut aufgehoben ist, und das beruhigte mich.
Als ich zu Hause ankam, sagte ich zu meiner Frau: „Unsere Tochter hatte wohl recht, da lag doch wirklich ein Mann auf der Bank, der Hilfe brauchte."

Die Einzelheiten erzählte ich ihr dann später! Sie meinte nur, ich sei ein seltsamer Mann.

Die Geschichte vom Herrn der Seele

In uns allen lebt ein uralter, weiser Mann.
Sein Name (Plasma) man sagt, er sei der Herr der Seele und der Gedanken.
Plasma, der uralte Herr, verkörpert das Gute der Seele, seine Aufgabe von Gott ist es, das Böse zu bekämpfen.
Plasma ist ein spiritueller Meister und führt das gute Volk in unserer Seele an.
Sein Volk besteht aus Milliarden Menschenseelen, es heißt Gutiana.
Jeder Erdbewohner auf dieser Welt kennt den spirituellen Meister und trägt ihn in sich und achtet und ehrt ihn wie einen Gott.
Denn dieser Herr der Seele und der Gedanken bewohnt und sitzt auch heute noch in unserem Herzen und der Seele, es kommt nur darauf an, wen Sie leben lassen, den Herrn der Seele oder die Göttin des Bösen.
Sie müssen schon selbst die Entscheidung treffen, wem Sie mehr Beachtung schenken. Der Inhalt des Buches ist für Sie geschrieben worden, für die Menschen, die den Herrn der Seele leben lassen möchten und das Böse nicht haben wollen.

Jedoch gibt es in unserem Innern noch ein anderes Volk ganz nah an unserer Seele, nicht weit von dem Volke Gutiana entfernt.
Dieses Volk nennt man die Bösianer! Und sie werden von einer schönen, wundervollen Göttin geführt.
Auch diese Göttin lebt und sitzt auch heute noch in uns und sie ist sehr verführerisch, es fällt uns Menschen sehr schwer, dieser Göttin zu widerstehen. Diese Göttin ist das Böse in uns und versucht immer wieder uns zu verleiten, sie gibt uns die negativen Gedanken und das böse Handeln, doch wir können das verhindern! Denn wenn wir der Göttin des Bösen keine Beachtung schenken, wird der Herr der Seele

und des Herzens die Macht haben und unser Leben wird schön und gut sein, wann immer Sie es wollen.

Das Volk der Bösianer, das von der Göttin des Bösen geführt wird, kennt nur die Vernichtung des Guten und will die Machtergreifung über das Böse haben und besitzen.

Die Göttin des Bösen ist in Wirklichkeit keine Göttin, sondern nur eine verführerische Erscheinung in unserer Seele.
Diese Göttin hat die Fähigkeit, in die Seele eines Menschen kurzfristig hineinzugehen, um als Göttin des Bösen zu regieren.
Vergessen wir nicht: Im Herzen und der Seele eines jeden von uns regieren zwei Personen, in erster Linie ist das der Herr der Seele, der zu 70 % das Gute beherrscht.

Und zu 30 % die Göttin des Bösen, die es immer wieder versucht, die Macht über unsere Seele, das Herz und unsere Gedanken ergreifen zu wollen! Lassen wir es erst gar nicht zu.
Die Göttin des Bösen ist sehr schön und besitzt die Magie der Verführung, jeder von uns möchte sich gerne von dieser schönen, wundervollen Göttin beherrschen lassen.

Die Göttin des Bösen besitzt folgende schlechte Eigenschaften: In unserer Zeit sind das: das Lügen, das Betrügen, das Stehlen, das Morden, das Kriege führen, der Alkohol, die Drogen, die schlechten Gedanken, das nicht Arbeiten und Schaffen, keine Ziele haben und keinen Sinn für das Leben.
Diese Göttin kann unsere Seele beeinflussen und unsere Gefühle verändern, sie kann uns Kriege führen lassen, uns im Extremfall zum Mörder machen, uns verändern mit all unseren Gefühlen und Emotionen, lassen wir es erst gar nicht zu, seien wir stark und widersetzen wir uns dieser Macht der bösen Göttin.
Jedoch es gibt ein Geheimnis! Dieses Geheimnis müsst ihr kennen und erlernen, damit die böse Göttin in uns besiegt werden kann.

Es ist das Geheimnis der Magie! Beide Personen in uns beherrschen diese Magie, der Herr der Seele für das Gute in uns und die Göttin des Bösen für das Schlechte in uns.
ihr wisst, welche dieser Personen ihr am meisten verehren sollt, müsst ihr folgendes tun: erst einmal dieses Buch lesen und zweitens daraus lernen.
Umso mehr ihr den Herrn der Seele Beachtung schenkt, umso eifersüchtiger wird die Göttin des Bösen sein.
Diese Göttin wird dann immer wieder versuchen, obwohl ihr schon angefangen habt positiv zu denken und zu handeln, euch davon abzubringen.
Je mehr du den Herrn der Seele, des Wissens, der Liebe und des Herzens beachtest, umso stärker wird die Göttin des Bösen dich verfolgen und verführen.
Denn die Göttin des Bösen möchte ja nicht, dass du das Gute beherrschen sollst.

Der Herr der Seele sagt zu euch: „Ich, euer spiritueller Meister und Führer, möchte euch den richtigen Weg zum Guten zeigen.
Ich führe euch zum Glück, zur Liebe, zur Gesundheit, zum Erfolg, zum Sinn, zum Reichtum und zu Gott.
Wir werden keinen Kampf gegen die Göttin des Bösen verhindern können, jedoch werden wir die Sieger sein, denn ich glaube daran, dass das Gute und die Liebe immer das Böse besiegt."
Der spirituelle Meister Plasma, Herr der Seele, sagt euch: „Nehmt dieses Buch und leset, was geschrieben steht, und wir werden uns jetzt auf den Weg machen und jede einzelne Seite erkämpfen! Und wir werden die Sieger sein, wer sonst als wir.
Wir werden der Göttin des Bösen eine Botschaft des Friedens und der Liebe bringen.

Einen von euch nehme ich als meinen Begleiter mit! Ja, du, dich möchte ich mitnehmen, du liest dieses Buch und du bist die richtige Person.
Denn du bist der Kämpfer mit der größten Liebe in deinem Herzen, du bist derjenige, der meine Lehre am besten versteht.
Du bist derjenige, der unserem Volk in die Augen sehen kann und in seine Seele, du hörst die Stimme des Herzens, die nach dem Guten und und der liebe spricht. Der spirituelle Meister sagte: „Komm mein Begleiter, wir machen uns auf den Weg! Und wir werden in zwei Tagen die Seiten des Buches durchgelesen haben und in weniger als 6 Monaten werden wir diese Botschaften erlernen und erkennen und werden diese an alle Menschen auf dieser Welt weitergeben bis ans Ende aller Tage.
Und euch, meinem Volk, sage ich: das Wundervollste und Schönste, das Gott je geschaffen hat, ist der Mensch! Und das Gute und Schöne in euren Herzen.

Ihr seid die Menschen, die alles erreichen könnt, was ihr auch wollt, wann immer ihr es wollt.
Ich und mein Begleiter werden in zwei Tagen wieder zurück sein und werden als Sieger mit euch zusammen dieses Werk vollenden.
Ich, Herr der Seele, und die- und derjenige, die dieses Buch lesen, werden mit mir zusammen den Menschen auf dieser Welt diese wundervollen Botschaften verkünden.

Damit wir alle lernen positiv zu denken, Menschen zu achten, Menschen zu führen und zu begeistern, Menschen zu umarmen, Menschen zu helfen, Menschen zu lieben, Menschen keinen Schaden zuzufügen, Menschen zuzuhören, wenn diese irgendetwas zu sagen haben,
Menschen zu beachten und ehren, sie zu erkennen und zu ihnen stehen und noch viel, viel mehr."

Der Herr der Seele sagt: „Nicht nur das Rechnen, Lesen und Schreiben ist von Bedeutung, sondern auch das Menschenführen und begeistern.

Menschenführung sollte zu den wichtigsten Dingen in unserer Gesellschaftsordnung gehören, jedoch was ist bisher dafür getan worden? Rechnen, Lesen, Schreiben und Wissen lehren liegt in der heutigen Schulbildung an erster Stelle.
Wichtiger wäre jedoch beides zu kombinieren, 50 zu 50, es gibt eine Unmenge von Fächern, in denen wir gedrillt werden.
Das wichtigste Fach für die Anwendung der Menschenführung bleibt leider in der Schublade liegen.
Bei all diesem Übereifer, Leistungen und Wissen zu erlernen, hat man wohl das Wichtigste dabei vergessen, das Führen der Menschen.
Herr sein zu wollen ist gut, doch Herr zu werden und zu sein ist besser.

Um Herr zu sein bedarf es der Lehre der Selbsterkenntnis, dieses ist die Grundvoraussetzung der Menschenführung.
Der Herr in uns, unser Herr der Seele, bringt uns auf dem richtigen Weg zu Selbsterkenntnis, er möchte gerne mit dir durch das Labor und die Forschungsabteilung der Menschenführung gehen.
Menschenführung bezeichnet man auch die Führung in die Zukunft; ohne eine klare Vorstellung eines Ziels und dessen Eroberung ist keine Zukunft möglich.

Wenn Sie kein klares Bild Ihres Zieles vor Augen haben, ist jedes Tun, jeder Schritt sinnlos vertan und jede Arbeit, jede Mühe umsonst.
Auch ich hatte mir das Ziel gesetzt, ein Buch über die Menschen zu schreiben, mein erstes kleines Buch mit dem Titel „Spielregeln des Lebens", in meiner Vorstel –
lung sah ich dieses Buch vor meinem geistigen Auge. Ich hatte eine genaue Vorstellung von meinem Buch, das Cover sollte weiß glänzend mit einem blauen Rand sein und genau so ist es heute im Buchhandel zu haben.

Jedoch die Vorstellung alleine genügt nicht, wichtiger als alles andere ist das Tun, denn nur durch das Arbeiten und das Tun in der Gegenwart sind alle Ziele zu erreichen.
Wenn wir Menschen führen und begeistern wollen, müssen wir erlernen, wie es geht, und uns das Wissen darüber aneignen.
Dieses kleine Buch soll ein Leitfaden dazu sein.

Wenn Sie möchten, dass morgen ein Haus auf einer Wiese stehen soll, dann müssen Sie heute schon daran arbeiten – nur mit Arbeiten und dem Tun in der Gegenwart gestalten Sie Ihre Zukunft für morgen.

Sie allein bestimmen, was Sie sein möchten: der König oder der Bettler. Ja, Sie können auch ein Engel auf Erden sein.
Alles steckt in uns! Ein Star, ein König, ein General, ein Präsident, ein Doktor und auch ein Professor, so wie auch ein Mörder oder Bettler.

Du als Einzelner hast nicht die Macht, diese Welt zu verändern, jedoch die Gelegenheit einen kleinen Schritt dazu zu tun.

Die Wahrheit vom Herrn der Seele

Hört, was ich euch sage! Die Seele ist unsterblich bis ans Ende aller menschlichen Tage und ihre Zukunft ist die eines Wesens! Ich bin dieses Wesen, mein Wachstum, meine Herzlichkeit, meine Liebe und mein Glaube kennt keine Grenzen.

Also haltet euch an mich und ihr werdet all eure Ziele erreichen. Es gibt Dinge zwischen Himmel und Erde, die wir nicht sehen können, jedoch wenn wir daran glauben und uns diese Dinge vorstellen können, dann existieren sie auch.

Wir Menschen sind nicht nur ein Sandkorn im Universum, sondern auch eine riesengroße Sonne.

Kleine Geschichten

Der kleine und der große Mann. Der kleine Mann ist ein total negativ denkender Mensch. Er verachtet all seine Mitmenschen und wünscht seinen Mitmenschen nur alles Schlechte. Immer, wenn der kleine Mann von Menschen hörte, denen es gut geht, sagt er: „Alles Verbrecher, sollen sie an ihrem Geld ersticken.
Ich wünsche euch Armut und Krankheit." Der kleine Mann ist selbst sehr arm und krank, warum?
Der große Mann ist gesund und reich; er ist ein sehr positiv denkender Mensch. Er wünscht seinen Mitmenschen alles erdenklich Gute, Gesundheit, Anerkennung, Glück, Reichtum und Frieden. Was macht sein erfolgreiches Leben aus? Ganz einfach, der große Mann hat gelernt positiv zu denken. Und er weiß, dass es den Herrn der Seele gibt! Wovon er gelernt hat, wie man sein Unterbewusstsein lenkt und führt.

Der kleine Mann ist arm und krank, weil er nicht gelernt hat positiv zu denken, und auch nicht weiß, dass es den Herrn der Seele auch in Wirklichkeit gibt, mit dem Herrn der Seele wüsste er, wie unser Unterbewusstsein arbeitet. Er ist selbst schuld, denn was man anderen Menschen Schlechtes wünscht, kommt auf einen selbst zurück. Was man sät, das erntet man, oder wie man ständig denkt, das soll geschehen.

Das Leben des kleinen Mannes wäre mit Sicherheit besser gelaufen, wenn auch er die Möglichkeit gehabt hätte, zu lernen, wie man positiv denkt und wie unser Unterbewusstsein arbeitet.

Die Geschichte von dem kleinen Mädchen

Da sitzt ein kleines Mädchen von zehn Jahren im Sandkasten und träumt vor sich hin. Es träumt davon, später einmal verheiratet zu sein

und drei Kinder zu haben. Heute ist dieses kleine Mädchen 28 Jahre alt, glücklich verheiratet und hat drei Kinder.
Ist dieses kleine Mädchen nicht erfolgreich? Oh ja! Sie ist es.

Da sind wir wieder bei der Formel „Erfolg ist gleich Tun" oder „Es zu tun heißt erfolgreich zu sein".
Die Vorstellung zu haben, sich Dinge zu erfüllen, gibt uns die Kraft und den Glauben, unsere Träume zu verwirklichen.
Kennen Sie die Geschichte des Mannes, der im Hochsommer bei 30 Grad Hitze erfror?
Ein Mann ging in einen Zugwaggon, plötzlich fiel die Tür zu. Er bekam eine solche Panik, dass er nicht einmal die Waggontür aufbekam. Er glaubte, die Tür sei eingefroren. In seiner Schockreaktion glaubte er, draußen sei tiefer Winter. Er stellte es sich glaubhaft vor. Nach zwei Stunden wurde ihm so kalt, dass er sogar nach einer Decke suchte. Am nächsten Morgen wurde dieser Mann tot aufgefunden. Der Notarzt stellte den Tod durch Erfrieren fest, der Mann ist wahrhaftig erfroren.
Dieser Mann hat seine Gedanken mit der Vorstellungskraft und dem Glauben daran vereint.
Sie jedoch sollen nicht in Panik reagieren, sondern mit Ihren Gedanken und der Vorstellungskraft Ihre Kräfte des Unterbewusstseins und die Macht vom Herrn der Seele positiv nutzen.

Sich selbst lieben

Wie viele Menschen sind durch ihr Umfeld genormt worden, sozusagen in eine Form gepresst worden mit all ihren Gedanken und Gefühlen. Durch Freunde, Bekannte, Familie und Beruf, Beeinflussung findet jeden Tag statt! Überall auf dieser Welt.
Wenn Sie ein Handtuch falten, ist dieses Handtuch kleiner als normal! Stellen Sie sich mal vor, man hat Sie mit den Jahren klein gefaltet wie dieses Handtuch. Wer sagt denn eigentlich, dass Sie gefaltet bleiben

müssen! Wenn Sie sich verändern wollen, dann können Sie das zu jeder Zeit tun! Wann immer Sie es auch wollen.
Sie allein bestimmen, was Sie wollen und was Sie sein möchten.
Sie sind für sich verantwortlich und was Sie nicht wollen, müssen Sie von sich weisen.

Sie allein bestimmen, was Sie sein möchten: der König oder der Bettler. Ja, Sie können auch ein Engel auf Erden sein.
Alles steckt in uns! Ein Star, ein König, ein General, ein Präsident, ein Doktor und auch ein Professor, so wie auch ein Mörder oder Bettler.
Sich selbst zu besiegen bedeutet eine Reise aus dem alten Ichbewusstsein zu machen, dem alten Ichbewusstsein, das Sie nicht mehr sein möchten.

Legen Sie den alten Schatten Ihres Körpers ab und nehmen Sie den Schatten der Sonne an.
Lieben Sie sich selbst, Ihre Familie, Ihre Welt, Ihre Mitmenschen, es gibt keine größere Macht auf Erden als die Liebe! Diese ist unbezahlbar! Wenn Sie sich selbst lieben können, dann können Sie auch Ihre Mitmenschen lieben. Sie müssen mit sich selbst einverstanden sein, so wie Sie sind, mit all Ihren Macken.
Nörgeln Sie nicht über sich selbst, sondern freuen Sie sich über jeden Tag, den Sie erleben dürfen.

Auch das tägliche Lachen bewegt 100 Muskeln, davon 17 alleine im Gesicht, das Lachen erzeugt in unserem Körper Serotonin, ein Glückshormon.
Lachen gibt unseren Zellen mehr Sauerstoff, lässt unsere Stimmung steigen und regt unseren Kreislauf an. Lachen bremst sozusagen das Stresshormon und das Adrenalin.
Lachen ist auch lebensnotwendig für die großen Kaufhäuser, ein Sprichwort sagt: Wer kein Lächeln auf seinem Mund trägt, lässt seinen Laden besser zu. Tatsache ist, wenn das Verkaufspersonal den Kunden lachend begegnet, steigt der Umsatz um mehr als 15 %.

Das liegt daran, dass Lachen ansteckend ist, und Kunden, die lachen, kaufen mehr.
Lernen Sie positiv zu denken und halten Sie alles Negative von sich fern! Lernen Sie auch, in einem negativen Ereignis das Positive zu sehen. Alles hat einen Grund im Leben, auch das negative Ereignis! Denn dieses ist dazu da, um es beim nächsten Mal zum positiven Ereignis werden zu lassen.

Positive Gedanken schaffen materielle Realität aus antimaterieller Essenz, Gedanken versetzen sich in unserem Körper durch Moleküle und genau so geben wir die Impulse aus Energie weiter.
Denken Sie an den Fluss, in den Sie einen Stein werfen, beim Aufprall des Steines ziehen die Wellen des Flusses nach vorne, ungefähr so geben wir auch unsere Gedanken weiter. Und vergessen Sie nicht den Herrn der Seele, der in den tiefen Innern unseres Unterbewusstseins wohnt.
Auch unsere Mitmenschen empfangen diese Gedanken unbewusst, so wie ein Radiogerät! Empfangen und senden.
Sie werden feststellen, dass Sie durch das Senden von positiven Gedankenimpulsen Ihre Mitmenschen begeistern werden, bewusst oder unbewusst werden Sie positive Ereignisse in Ihrem Leben erleben.
Dies ist eine physikalische, subatomare, funktionierende Einheit – damit möchte ich betonen, dass es sich bei unseren Gedanken um ein ganz natürliches Phänomen handelt.

Ich möchte jetzt mal versuchen unsere Gedanken folgendermaßen zu formulieren: Wir senden mit unseren Gedanken Atome aus, die durch Raum und Zeit wandern. Diese Gedanken empfangen unsere Mitmenschen unbewusst. Gedanken bewegen antimaterielle Atome, die wir dann als Nebel feinster Materie empfangen, besser gesagt: feinste Partikel.
Vorsicht! Halten wir Fantasie und Realität gut auseinander, Psychokinese ist Realität! Fantasie entsteht im

Geist. Vergessen wir auch nicht, dass ein Atom keine feste Entität ist. Die Energie der Gedanken nimmt Zustände und Formen an, die sich durch raumlose Zeit bewegen.
Gedanken können wir nicht sehen! Jedoch, sie existieren! Sie sind Wirkungsweise und Ereignisse des Lebens.

Unser Zeitgefühl bewegt sich nicht in der Vergangenheit und auch nicht in der Zukunft, sondern nur in der Gegenwart. Sie können heute nichts für gestern tun, jedoch heute für morgen; alles, was vergangen ist, können Sie nicht mehr ändern! Nur in der Gegenwart können Sie die Zukunft für morgen erschaffen.

Gedanken alleine genügen nicht! Man sollte in der Gegenwart auch handeln und tun! Positive Gedanken und gleichzeitiges Handeln ist die Harmonie für eine erfolgreiche Zukunft.
Wenn Sie möchten, dass morgen ein Haus auf einer Wiese stehen soll, dann müssen Sie heute schon daran arbeiten – nur mit dem Arbeiten in der Gegenwart gestalten Sie Ihre Zukunft für morgen.

Der Herr der Seele sagt uns, dass in jedem Menschen zwei Persönlichkeiten sind, die eine ist die Göttin des Bösen! Sie steht für Schönheit und Verführung. Die andere ist der Herr der Seele, er steht für Herzlichkeit und Liebe.
Wir Menschen sind nicht nur ein Sandkorn im Universum, sondern auch eine riesengroße Sonne.

Du als Einzelner hast nicht die Macht, diese Welt zu verändern, jedoch die Gelegenheit, einen kleinen Schritt dazu zu tun.
Nicht das Böse hat die Überhand über uns, sondern das Gute.
Gott schuf eine Welt, die voller Fülle ist! Und all diese Fülle steht uns Menschen zur Verfügung.

Es gibt Dinge zwischen Himmel und Erde, die wir nicht sehen können, jedoch wenn wir daran glauben und uns diese Dinge vorstellen können, dann existieren sie auch.

„Liebe deinen Nächsten!", so steht es in der Bibel und da Sie sich selbst am nächsten sind, sollten Sie sich am meisten lieben. Denn, wenn Sie es erlernen, sich selbst zu lieben, dass Sie mit sich selbst zufrieden sind, dann können Sie auch Ihre Mitmenschen lieben.
Rufen Sie nach dem Herrn der Seele und er wird für Sie da sein!
Wann immer Sie es auch wollen, so ist das auch mit einem Wunsch!
Wenn Sie sich einen Wunsch formulieren oder ihn sich erfüllen wollen, sollten Sie ganz sicher sein, um ein recht angenehmes Gefühl dabei zu haben.

Wenn sich Ihr Wunsch erfüllen soll, müssen Sie sich diesen Wunsch von ganzem Herzen wünschen, nur ein wenig dies oder jenes ist halbherzig, so hat Ihr Wunsch keine Kraft, sich zu verwirklichen.
Ich bin der Herr der Seele! Herr über meine Gedanken, über meine Gefühle, über meine Liebe.

Zum Beispiel dürfen Sie sich sehr wohl wünschen beruflich weiterzukommen.
Vielleicht möchten Sie ja Abteilungsleiter oder Direktor werden? Dann sollten Sie auch gleichzeitig positiv denken. Formulieren Sie Ihren Wunsch folgendermaßen: Der Herr der Seele, Herr meines Unterbewusstseins, wird mit mir zusammen einen Weg finden, damit der bisherige Abteilungsleiter in noch eine bessere Position kommt als bisher, das wünsche ich diesem Mann von ganzem Herzen.

Denn der bisherige Abteilungsleiter ist ein guter Mensch und er soll auch durch meine Beförderung seine Vorteile haben.
Eins dürfen Sie sich auf keinen Fall wünschen: dass der andere gekündigt wird, damit Sie seine Position haben können.

Nein!! Denn damit rufen Sie die Göttin des Bösen! Dieser Wunsch ist nicht nur unmoralisch und böse, sondern Sie würden sich auch selbst damit Schaden zufügen. Denn wenn wir aus eigen Gier und Zwecken gegen den Herrn der Seele verstoßen, führen wir dadurch negative Energien auf uns.

Und eins kann ich Ihnen dann garantieren, Sie werden nur eine kurze Zeit Abteilungsleiter sein.
Böses hervorzurufen wird mit Bösem bestraft, das ist unsere Lebensordnung und die Philosophie des weisen Mannes, Herr der Seele.
Eine gute Freundin von mir mit dem Namen Andrea sagte einmal zu mir, auch sie habe zwei Persönlich –
keiten, die eine ist das Teufelchen und die andere das Engelchen.
Damit hat sie wohl vollkommen recht, lassen auch wir das Engelchen leben und nicht dieses Teufelchen.

Es gibt in unserem Leben Umstände, bewusst oder unbewusst, die uns selbst oder, was nicht weniger schlimm ist, anderen schadet.
Diese Umstände werden wir - der Herr ihrer Seele! Sie! Und ich! - gemeinsam in diesem Buch bearbeiten und wir werden lernen, das Gute leben zu lassen.

Denken Sie an einen Stein, den Sie in den Fluss werfen, die Wellen ziehen immer nach vorne, so ist das auch mit Ihren positiven Gedanken! Diese ziehen immer nach vorne und ziehen positive Ereignisse in Ihrem Leben an.

Den Herrn der Seele können wir auch mit unserem Unterbewusstsein vergleichen, denn das Gute und Positive zu denken lässt den Herrn der Seele in uns leben und unser Körper handelt danach.

Auf dem Weg zum Ziel liegen immer kleine und große Steine, erst wenn Sie diese weggeräumt haben, haben Sie Ihr Ziel erreicht: Und sollte das nicht funktionieren, müssen Sie Umwege in Kauf nehmen.

Bitte keine Ausreden, denn nur Verlierer haben Ausreden, Gewinner nicht!

Sie sind ein Gewinner!

Es gibt genug Geld auf dieser Welt! Wir müssen nur lernen es zu zählen, damit wir es auch richtig aufteilen können.

Alt zu werden gehört zum Luxus in unserem Leben. Sollten Sie jedoch nicht älter werden, dann sollten Sie unbedingt zum Onkel Doktor gehen, denn dann stimmt irgendetwas nicht.

Das Wundervollste und Schönste, das Gott je geschaffen hat, ist die Frau. Und für jede Frau oder jedes Weib auf Erden gibt es einen Mann, der Sie über alles auf dieser Welt liebt.

Mit Menschen umgehen

Mit diesem kleinen Buch erhalten Sie ein paar Anregungen, wie man sich das Leben etwas leichter und schöner machen kann und wie man mit dem Herrn in Ihrer Seele zusammenarbeiten kann, was Sie zum Schluss daraus machen, liegt allein in Ihren Händen.
Wenn wir selbst ein erfolgreiches Leben führen wollen, dann sollten wir unseren Mitmenschen nur das Allerbeste wünschen.
Fremde sind Freunde, Sie müssen sie nur kennen lernen. Es gibt eben einige Mitmenschen, die glauben etwas Besseres zu sein.

Das sollten wir diesen Mitmenschen aber nicht übel nehmen. Vergessen wir nicht, dass wir alle zur Toilette gehen müssen, ob wir nun arm oder reich sind.

Tragen wir das Selbstbewusstsein des anderen mit, denn wir alle sind wundervolle Menschen und werden es auch bleiben.
Sie mögen es glauben oder auch nicht. Alles, was wir unseren Mitmenschen Gutes tun, kommt Ihnen im positiven Sinne zugute.
Unser Unterbewusstsein arbeitet genau in dieser Art: eine Art, die so wundervoll ist – nur ausnutzen lassen sollten Sie sich nicht.
Sie sollten schon ein feines Gefühl dafür haben, wer es ehrlich meint und wer nicht. Selbst dem Unehrlichen können Sie zeigen, was es heißt, ehrlich und aufrichtig zu sein. Sie sollten nur in der Lage sein, ihn zu begeistern. Denn auch der Unehrliche wird es dankend annehmen, schon allein aus dem Grund, sein Gewissen zu erleichtern. Selbst der Gedanke daran, schlecht über die Mitmenschen zu denken, bringt eigene Schwierigkeiten und Probleme in Ihr Leben. Gute Gedanken und ein Lächeln im Gesicht sind der Nährboden für den Herrn der Seele! Und die Motivation, Ihre Mitmenschen zu begeistern, ist der Sonnenschein für Ihr eigenes Leben.

Nun haben Sie einige Regeln zur Beachtung Ihrer Mitmenschen gelesen. Ob es für Sie interessant ist oder nicht, das weiß ich nicht, jedoch ich denke, dass es wichtig ist, die Regeln des Herrn der Seele und des Lebens schon heute zu lernen – lieber heute als morgen.

Und wir haben gelesen, dass unsere Gedanken eine Ausstrahlung haben, Ausstrahlung mit sicherer Wirkung auf unsere Mitmenschen.
Wissen Sie, wenn Sie einen Arbeitskollegen haben, mit dem Sie absolut nicht zurechtkommen, dann liegt es daran, dass Sie sich nicht für ihn interessieren. Menschen möchten beachtet und anerkannt werden, es ist für jeden Menschen ein tolles Gefühl, wenn man beachtet und gebraucht wird. Stellen Sie ihm doch einfach ein paar

Fragen. Fragen, die seine Persönlichkeit betreffen, und sprechen Sie bei jeder Frage seinen Namen aus.

„Herr Maier, wie geht es Ihnen? Geht es Ihnen gut? Wie lange arbeiten Sie hier schon? Da haben Sie mit Sicherheit eine große Verantwortung."
Und er wird mit Sicherheit erzählen: „Herr Maier, wenn Sie schon so lange hier sind, dann haben Sie ja eine große Verantwortung." Aber vergessen Sie nie seinen Namen.
Sie werden innerhalb von ein paar Tagen sehen, dass Sie mit diesem Arbeitskollegen hervorragend zurechtkommen werden. Warum? Ganz einfach! Sie haben sich für diesen Mitmenschen interessiert und ihn anerkannt. Damit haben Sie bewirkt, dass Sie sich verstehen.
Nehmen Sie sich Zeit, wenn Ihre Mitmenschen etwas zu sagen haben, und seien Sie ein guter Zuhörer. Damit geben Sie Ihren Mitmenschen das Gefühl, da ist jemand, der mich beachtet und mich anerkennt.

Wie Sie mit einer Flasche Mineralwasser ein Herz gewinnen? Ich beobachtete, dass eine junge Frau mehrmals am Tag an einer Baustelle spazieren ging. Eines Tages sprach ich diese junge Frau an. Ich sagte zu ihr: „Wunderschönen Tag, junge Dame."
Sie erwiderte: „Schönen Tag."
Ich fragte sie, warum sie so oft hier spazieren gehe.
Sie sagte zu mir: „Sehen Sie den jungen Mann mit dem braun gebrannten tollen Körper?"
„Ja", sagte ich zu ihr, „und was ist mit diesem jungen Mann?"
Sie erwiderte: „Ich finde diesen jungen Mann ganz, ganz toll."
Ich sagte: „Und warum sprechen Sie den jungen Mann nicht einfach an?" Sie sagte: „Ich kann das nicht."

„Gut", sagte ich, „dann machen Sie es doch ganz anders. Wissen Sie, es ist Sommerzeit und wir haben zurzeit 32 Grad im Schatten.

Wissen Sie, wie hart es ist, in dieser Hitze zu arbeiten und wie sehr sich dieser junge Mann freuen würde, wenn Sie ihm eine kalte Flasche Mineralwasser geben würden? Er wäre sehr dankbar dafür."
Sie sagte zu mir: „Vielen Dank. Das ist nett gemeint! Meinen Sie, das geht so einfach?" „Sicher!", sagte ich. „Tun Sie es doch einfach." Sie ging weiter und kam nach einer halben Stunde mit einer Flasche eiskaltem Mineralwasser und gab diese dem jungen Mann. Heute sind die beiden verheiratet.

Was hat diese junge Frau gemacht? Ganz einfach. Sie hat sich um diesen Mitmenschen gekümmert. Sie hat ihn anerkannt und beachtet.
Vergessen wir bitte nicht, dass wir alle unsere Mitmenschen beachten und anerkennen sollten. Jeder Mensch ist und möchte gerne ein

Gewinner sein. Geben wir uns Menschen die Gelegenheit, ein Gewinner zu sein.
Sehen wir in erster Linie, dass wir alle nur Menschen sind, Menschen mit Herz und Seele, eine Seele, in der auch noch heute der Herr der Seele lebt, egal von welchem Teil der Erde wir kommen. Nur eines ist wichtig: Mensch zu sein und Mensch zu bleiben.
Der schönste und beste Reichtum, den wir Menschen haben können, ist unsere Gesundheit. Sie können Millionen besitzen, was nützt es Ihnen, wenn Sie blind sind oder nicht laufen können.

Gesundheit können Sie für kein Geld auf der Welt kaufen.
Die heutige Medizin macht schon einiges möglich, die Jungs sind schon spitzenmäßig, jedoch bringen sie uns nicht die Gesundheit.

Die Mediziner tun ihr Bestes. Sie verbinden unsere Wunden, heilen müssen wir uns schon selbst.
Gesund sein und bleiben, dafür ist die Menschheit selbst verantwortlich. Und wenn wir dazu bereit sind, einigermaßen gesund zu leben, dann ist unser Leben ein wundervolles Leben auf einer wundervollen Welt.

Wir Menschen sind wundervoll! Und wir sind in der Lage, wundervolle Dinge zu vollziehen.
Bitte vergessen wir nicht, dass nur die böse Göttin in uns egoistische Wünsche hat, diese Göttin will nur haben, ohne zu geben.
Doch ich verlasse mich auf Sie! Sie werden den Herrn der Seele rufen, der nur das Gute für uns und in uns will.

Wie Sie den Herrn der Seele rufen

Sagen Sie zu sich selbst folgende Worte: „Es geht mir gut. Ich bin gesund. Ich bin glücklich. Ich bin reich. Ich bin verliebt. Ich bin beliebt, ich bin ehrlich, ich bin voller Liebe, ich bin das Gute."
Glauben Sie das, was Sie zu sich selbst sagen, und stellen Sie sich vor, dass es auch in Wirklichkeit so ist. Entwickeln Sie das Gefühl dazu, dass Sie sich wohlfühlen und gesund sind. Erst dann erleben Sie, dass der Herr der Seele diese Zustände realisiert.
Wenn Sie täglich nur schon sagen „Ich bin glücklich", erleben Sie nach ein paar Tagen, dass Sie plötzlich anfangen zu lachen – aus heiterem Himmel.
Können Sie sich in Ihrer Vorstellung folgendes vorstellen: Angenommen ein Mann sucht seine Traumfrau. Wenn der Mann sich bildlich und lebhaft vorstellen kann, dass er jetzt schon mit seiner Traumfrau Hand in Hand durch den Park geht und ganz fest, ohne zu zweifeln, daran glaubt, wird der Herr der Seele, diese Vorstellung realisieren. Und das Unterbewusstsein und dein Herr der Seele werden alles Mögliche dafür tun, dieses Ereignis zu realisieren, auch deine Traumfrau oder Traummann.

Denken Sie an die anti-materiellen Energien, die Sie mit Ihren Gedanken durch Raum und Zeit gleiten lassen. Energien, die jeder Mensch von Geburt an von Gott als Gabe bekommen hat. Kleinste Gedankenpartikel, die Sie zu Ereignissen formen können. Ihr Un

terbewusstsein formt und realisiert diese positiven Gedanken als feste Materie in Ihrem Leben.
Denken Sie an einen Stein, den Sie in den Fluss werfen, die Wellen ziehen immer nach vorne, so ist das auch mit Ihren positiven Gedanken! Diese ziehen immer nach vorne und ziehen positive Ereignisse in Ihrem Leben an.
Und nun kommen wir zum eigentlichen Titel des Buches, zu dem Herrn der Seele.

Den Herrn der Seele können wir auch mit unserem Unterbewusstsein vergleichen, denn das Gute und Positive zu denken lässt den Herrn der Seele in uns leben und unser Körper handelt danach.

Mobilisieren wir unseren Glauben an das Gute und Schöne auf dieser Welt. Es lohnt sich, auf dieser wundervollen Welt zu leben.

Die erste und wichtigste Regel ist zu wissen, wie unsere Gedanken und unser Unterbewusstsein sowie unsere Seele reagieren und funktionieren. Deswegen habe ich dieses als Erstes beschrieben und ich denke, dass Sie wissen, was ich meine. Wer sonst als Sie?
Sie sind der Mensch, der die beschriebenen Kräfte hat und die Möglichkeiten, diese zu benutzen.

Auf den folgenden Seiten in diesem kleinen Buch können Sie jetzt ein paar Regeln der Lebensordnung lesen und ich denke mal, dass noch einige Regeln dabei sind, die für den einen oder anderen interessant sein werden.
Schauen Sie Ihren Mitmenschen in die Augen, dann schauen Sie in die Seele. Alles geht, auch das Nichts, Sie sollten es nur tun.
Seien Sie stets freundlich zu sich selbst und zu Ihren Mitmenschen.
Und nun testen wir uns mal selbst. Können Sie sich begeistern?
Wenn Sie sich durch Eigenmotivation motivieren, werden Sie keine Probleme haben, Ihre Mitmenschen zu begeistern. Sie sollten sich selbst gut finden und mit sich selbst zufrieden sein.

Hallo, Sie da! Haben Sie Lust, ein paar Übungen mit mir zu machen? Gehen Sie mal bitte zum Badezimmer und betrachten sich im Spiegel. Sagen Sie zu sich selbst, dass Sie ein toller Mensch sind. Sie sind ein toller Mensch, ich weiß es, sonst würden Sie dieses Buch nicht lesen. Klopfen Sie sich selbst auf Ihre Schulter und sagen Sie sich „ich bin ein toller Typ oder eine tolle Frau".Umarmen Sie sich selbst und sagen Sie sich, dass Sie sich gern haben.

Na, wie fühlen Sie sich jetzt, besser oder schlechter? Ich denke, Sie fühlen sich besser. Wenn Sie diese Übungen täglich machen, werden Sie merken und fühlen, dass es Ihnen besser geht. Sie werden mehr Energie und Lebensfreude haben.

Und Sie werden feststellen, dass Sie mit Ihren Arbeitskollegen und Ihren Mitmenschen besser zurechtkommen. Eigenmotivation ist ansteckend wie eine Krankheit.

Freuen Sie sich auf jeden Tag, den Sie erleben dürfen. Haben Sie einen Hund und schon mal diesen Hund beobachtet, wenn Sie morgens aufstehen?

Er freut sich riesig mit Ihnen den Tag zu verbringen. Das Schwanzwedeln des Hundes ist sein Lachen und seine Freude.
Freuen wir uns des Lebens, denn es ist einfach wundervoll.
Und jeden Tag scheint die Sonne, auch dann, wenn Wolken davor sind.
Unsere Erde hat keine Probleme. Nur der Mensch glaubt, Probleme haben zu müssen. Lernen Sie auch mal, NEIN sagen zu können. Damit töten Sie einen großen Teil Ihrer Probleme.
Nur das Heute ist wichtig, heute ist der wichtigste Tag in Ihrem Leben. Um Ihre Ziele zu erreichen sollten Sie immer in der Gegenwart daran arbeiten.

Die meisten Menschen verschwenden ihre Zeit damit, indem sie an die Vergangenheit denken, dabei vergessen sie leider die für uns Menschen so wichtige Gegenwart.
Denn diese Gegenwart ist eine reale Zeit, die Vergangenheit ist eine tote Zeit, man kann diese Zeit nicht mehr einholen und auch nicht verändern. Heute ist die Gegenwart! Und das ist eine lebende Zeit, sie ist veränderbar und zu bewegen, diese Zeit lebt mit Ihnen! Also nutzen wir diese Zeit, solange es nur irgendwie geht.

Sobald Sie sich sicher sind, was Sie tun könnten, um ihr Ziel zu erreichen, dann tun Sie es, denn Sie gehen
sonst das Risiko ein, es nie tun zu können. Nichts wird sich ändern, wenn Sie nur darüber nachdenken, was Sie alles tun könnten. Nur Handeln bringt Ihr Ziel Stück für Stück näher, bitte tun Sie es.
Denken Sie an Ihren inneren Herrn der Seele, mit ihm zusammen
können Sie alles erreichen, alles, was Sie wollen und glauben! Die tägliche Wiederholung Ihrer Bemühungen wird zum Lohn Ihres Zieles werden. Genau so, als wenn Sie täglich arbeiten gehen, sollten Sie auch an Ihrem Ziel arbeiten, nur so werden all Ihre Ziele zur Realität und zum festen Glauben.
Sagt der Herr der Seele.

Ein kleines Gedicht!

Es liegt allein in unseren Händen,
unser Leben zu wenden.
Was wir daraus machen, ohne zu zögern und zu warten.
Und wenn wir wollen, dass Träume sich erfüllen sollen,
müssen wir handeln! Und uns wandeln.

Das Ziel!!!

Betrachten Sie Ihr Ziel als eine Frau, die Sie haben und lieben können, damit Sie einen Trieb haben, Ihr Ziel zu erreichen.

Bedenken Sie!

Auf dem Weg zum Ziel liegen immer kleine und große Steine, erst wenn Sie diese weggeräumt haben, haben Sie Ihr Ziel erreicht: Und sollte das nicht funktionieren, müssen Sie Umwege in Kauf nehmen.
Bitte keine Ausreden, denn nur Verlierer haben Ausreden, Gewinner nicht!
Sie sind eine Gewinner!

Die Wahrheit vom Herrn der Seele

Hört, was ich euch sage! Die Seele ist unsterblich bis ans Ende aller menschlichen Tage und ihre Zukunft ist die eines Wesens! Ich bin dieses Wesen, mein Wachstum, meine Herzlichkeit, meine Liebe und mein Glaube kennt keine Grenzen. Also haltet euch an mich und ihr werdet all eure Ziele erreichen.

Das sagt der Herr der Seele.

Wenn Sie nur an das glauben, was Sie auch sehen, dann zweifeln Sie an Ihrem eigenen Glauben.
Heute ist der schönste Tag in meinem Leben!
Ihr Unterbewusstsein und der Herr der Seele leben nur, wenn sie diese mit positiven Gedanken füttern, erst dann tragen die beiden die Früchte für positive Ereignisse in Ihrem Leben.

Es gibt genug Geld auf dieser Welt! Wir müssen nur lernen es zu zählen, damit wir es auch richtig aufteilen können.
Alt zu werden gehört zum Luxus in unserem Leben. Sollten Sie jedoch nicht älter werden, dann sollten Sie unbedingt zum Onkel Doktor gehen, denn dann stimmt irgendetwas nicht.
Wer sich selbst und seine Mitmenschen liebt, der wird geliebt.
Kritisieren Sie weich statt hart, denn hart tut weh.
Armen Mitmenschen zu helfen ist ein neues Leben für die Armen.

Beachten Sie Ihre Mitmenschen, denn das ist wie Wasser für die Blume. Nehmen Sie die Menschen so an, wie sie sind, und überlegen Sie, was man daraus machen kann. Finden Sie deren Talente.
Fremde sind Freunde, Sie müssen sie nur kennen lernen. Der richtige Umgang mit unseren Mitmenschen öffnet uns alle Türen zum Herzen und der Seele dieser Menschen.

Sich bewegen heißt etwas in Bewegung zu setzen.

Wenn Sie ein Vorbild für Ihre Mitmenschen sein wollen, dann müssen Sie zu Ihrer eigenen Persönlichkeit stehen. Sie sollten bereit sein sich selbst zu lieben, dann werden auch Sie geliebt.

Nur mit Ihrer eigenen Persönlichkeit können Sie ein Vorbild sein, damit Ihre Mitmenschen ein Vorbild haben.
Ein Leben ohne Ziel ist ein sinnloses Leben.

Für die Frau

Ich, Herr der Seele und der Gedanken, möchte allen Frauen auf Erden folgende Botschaft mitteilen:
Das Wundervollste und Schönste, was Gott je geschaffen hat, ist der Mann und die Frau. Und für jede Frau oder jedes Weib auf Erden gibt es einen Mann, der Sie über alles auf dieser Welt liebt.

Hallo Du!
Wusstest du, dass es in deinem Leben einen Mann gibt, der dich über alles auf dieser Welt liebt? Einen Mann, der für dich da sein möchte, wann immer du es dir von ganzem Herzen wünschst.

Jemand, der alles für dich tun würde, jemand, der für dich da ist, wenn du ihn brauchst, jemand, der dir zuhört, wenn du irgendetwas zu sagen hast. Ein Mann, der dich tröstet, wenn du traurig bist und nicht mehr weißt, was richtig für dich ist. Jemand, der dir neue Kraft gibt, wenn deine Kräfte mal am Ende sind, jemand, der tief in deine Augen schauen kann, und durch deine Augen schaut er in deine Seele und er hört die Stimme deines Herzens, die nach Liebe und Anerkennung spricht.

Er ist derjenige, der deine Augen leuchten lässt wie zwei Sterne und doch noch viel schöner sind als Diamanten. Er findet deine Augen schön und wundervoll, einfach faszinierend! So faszinierend wie deine Seele selbst.

Er weiß, dass dein innerer Herr der Seele sich nach außen durch deine Augen spiegelt. Er ist derjenige, der dich auf Händen tragen möchte, jemand, der dich beschützt, er kann dir in deine Augen schauen und dir sagen: „Ich liebe dich."

Für ihn bist du die schönste Frau auf Erden und eine unbeschreiblich wundervolle Frau, du bist sein Leben, sein Model, seine Sexbombe, seine Traumfrau. Du bist für ihn das Größte, du bist die Nr. Eins, du bist seine Königin, seine Göttin.

Er achtet und er ehrt dich und du leuchtest ihm den Weg, denn du bist sein Stern, der Stern, der so wunderschön leuchtet.
Er wird bei dir sein bis ans Ende aller menschlichen Tage, sagt der innere Herr deiner Seele.

Höre auf deinen inneren Herrn: Es gibt auch für dich und für alle anderen Frauen auf dieser Welt diesen Mann! So will es Gott haben.
Denn dieser Mann liebt dich über alles auf Erden.
Bitte vergiss nicht: Sag einfach heut Abend, wenn du schlafen gehst, 10-mal leise: „Ich bin verliebt", und schon bald wirst du diesem Mann begegnen.

Die weibliche Person

Eines hat das weibliche Geschlecht dem männlichen Geschlecht voraus: Die Frau denkt von Geburt an positiver als der Mann.
Denken und Handeln der Frau zeigen eindeutig positives Dasein.
Das Sein der Frau ist fein und voller Gefühl.
Frauen haben die Macht, uns Männer zu gebären, und ohne Frauen gäbe es auch keine Männer und ohne Männer keine Frauen, also:
Wer behauptet wohl, dass die Frauen das sogenannte schwache Geschlecht sind. Der Mann oder ? wir Männer spenden nur den Samen! Die Frauen jedoch machen was daraus.
Die Frau ist das sogenannte schwache Geschlecht, weil der Mann es so denkt. Jedoch sollten wir als Männer uns über folgende Ereignisse einige Gedanken machen: Am Aussehen des neu geborenen Kindes ist die Frau zu 65 % beteiligt.

Das heißt, je nachdem, wie eine Frau denkt und glaubt, entwickelt sich auch das Aussehen des Fötus. Denkt eine Frau in ihrer Schwangerschaft mehr an sich, bekommt das Aussehen des Kindes Ähnlichkeit mit der Mutter. Denkt die Frau während der Schwangerschaft mehr an den Mann, so ähnelt es dem Mann. Es kommt nur darauf an, wie gut oder wie sehr Sie Ihre Frau lieben und behandeln.

Es ist eine Tatsache, dass Gedanken eine chemische Reaktion in unserem biologischen Körper hervorrufen und das Aussehen des Kindes mitbestimmen. Bitte Ihr Männer! Denkt mal darüber nach, wir sind nicht nur alleine die Herrn der Schöpfung, sondern auch die Frau.

Wir als Männer sollten unsere Frauen etwas mehr beobachten, damit es uns leichter fällt, zu verstehen, dass es überhaupt kein schwaches Geschlecht gibt, sondern von Gott geschaffen als Mann und Frau.

Die Geburt eines Kindes ist etwas Wundervolles, ein neues Leben bewegt unsere Welt. Und Kinder sind die Zukunft der Menschen. Neue Persönlichkeiten werden geboren. Persönlichkeiten, die unser Leben verändern können und in die Geschichte der Menschen eingehen werden! Wie wundervoll ist da die Seele, die dem Fötus das Leben gibt.

Aber sie sollten die Möglichkeit und die Chance haben, sich zu entfalten. Jede Frau, die ein Kind gebärt, ist einfach wundervoll.
Hoch lebe die Weiblichkeit, denn sie ist einfach nur zu beneiden.
Auch die Frauen, die keine Kinder gebären können, sind wundervoll, denn sie verändern die Männlichkeit.
Haben Sie schon einmal ein Kind beobachtet, das etwas Aufregendes erlebt hat. Dieses Kind erzählt es mit Händen und Füßen, sodass man fast annehmen könnte, dieses Kind würde jeden Augenblick explodieren. Warum können wir Erwachsene nicht einfach mal Kind sein, haben wir vielleicht Angst, man könnte uns auslachen, weil wir uns so kindlich benehmen? Ist doch so was von egal. Tun Sie es doch einfach, leben und explodieren Sie, wie Sie es wollen.

Lassen Sie sich nicht nach den Wünschen der anderen formen.
Formen und entfalten Sie sich selbst. Ziehen Sie sich von mir aus so viele Masken an, wie Sie nur wollen.

Unsere Persönlichkeit braucht keine Maske, in jedem Menschen liegen perfekte Persönlichkeiten.

Sicherlich trage ich ab und zu auch mal eine Maske, meistens zur Karnevalszeit. Masken sind auch wichtig fürs Theater und zur Schauspielerei, dort werden sie auch gebraucht. Einige Menschen sind nur in einer Form mit falscher Maske gefangen. Aber wehe sie kommen da raus, dann sehen wir erst, mit was für wundervollen Menschen wir es zu tun haben.

Und der Grund, warum wir wundervolle Menschen sind, ist das Innere, das in uns lebt: Das, was in uns lebt, ist der Herr der Seele und der Gedanken, rufen wir den Herrn der Seele! Und lernen wir mit ihm zusammen nur die positiven Gedanken zu vollenden.

Denn mit dem Herrn der Seele sind wir fröhlich, freuen uns über jeden Tag, können lachen und tanzen, können anderen Menschen helfen, können Menschen achten und ehren, können erfolgreich sein, können uns selbst und andere lieben, können Menschen motivieren, können lernen keine Ausreden mehr zu haben, können lernen auch Nein zu sagen, wenn wir auch Nein meinen, und Ja, wenn wir Ja meinen, können lernen mit unseren Gefühlen umzugehen, können lernen Mut zu haben, können Wege gehen, die voller Steine liegen, können lernen diese Steine wegzuräumen und können dann sehen, welchen Weg wir gehen müssen, können uns schützen gegen Krankheiten, können Krankheiten verhindern, lernen, dass jeden Tag die Sonne für uns Menschen scheint, denn sie ist immer da, auch wenn der Himmel voller Wolken ist, können lernen keine Egoisten mehr zu sein, können lernen auch mal an andere zu denken, können lernen auch mal was für sich selbst zu tun, können lernen mit dem Herrn der Seele zu leben.

Sagt der Herr der Seele

Seien wir vorsichtig mit unseren Gedanken, die so eine unendliche Macht haben, alles im Leben zu verändern.

Sich bewegen heißt etwas in Bewegung zu setzen.
Wenn Sie ein Vorbild für Ihre Mitmenschen sein wollen, dann müssen Sie zu Ihrer eigenen Persönlichkeit stehen. Sie sollten bereit sein sich selbst zu lieben, dann werden auch Sie geliebt.

Sagen Sie zu sich selbst folgende Worte: Es geht mir gut. Ich bin gesund. Ich bin glücklich. Ich bin reich. Ich bin verliebt. Ich bin beliebt.

Motivation

Dieses kleine Buch wird Ihnen eine Hilfe sein, zu verstehen, warum wir Menschen so wundervoll sind und dass wir Kräfte besitzen, die tief in uns schlummern. Wir müssen sie nur aktivieren und trainieren und durch dieses Aktivieren rufen wir gleichzeitig den Herrn der Seele und der positiven Gedanken.

Allein unser Unterbewusstsein hat eine unendliche Macht, Dinge zu vollziehen, die für uns unmöglich zu sein scheinen.
Dieses kleine Buch ist ungewöhnlich, genauso wie Sie selbst; hier in diesem Buch werden Sie auch eine praktische Anwendung finden, Ihre Kräfte zu nutzen und zu trainieren. Nicht nur lesen, sondern auch erleben.
Wir haben die Macht, alles im Leben zu erreichen, egal, was Sie auch wollen. Was möchten Sie erreichen? Vielleicht ein besseres Leben? Gesundheit und Reichtum oder Krankheit und Armut.
Ich glaube, dass Gesundheit, Liebe, Friede und die Anerkennung unserer Mitmenschen das Wichtigste ist, was es auf dieser Welt gibt.
Das Wort Reichtum sollten Sie hier nicht in Geldwert schätzen, sondern das Glück zu haben, gesund zu sein und mit den Augen sehen zu können.

Egal wo Sie sich auf dieser Welt befinden, Zeit und Raum spielen hier keine Rolle.
Das Einzige, worauf es ankommt, ist, dass wir daran arbeiten und lernen, uns zu entfalten. Wenn Sie dazu bereit sind, Ihre Persönlichkeit zu entfalten, dann sollten Sie sich mit der Macht Ihres Unterbewusstseins und des Herrn der Seele vertraut machen. Es ist so

egal, was Sie machen, Hauptsache ist nur, Sie tun es. Es zu tun ist das andere Wort für Erfolg.

Positive Gedanken und der Glaube daran, dass diese Gedanken Realität sind, bringen Ihr Unterbewusstsein dazu, es als positives Ereignis in Ihrem Leben zu leiten. Diese positiven Ereignisse müssen unweigerlich auf Sie zukommen, denn es ist die Funktionsweise unseres Unterbewusstseins, sich bildlich vorzustellen, dass Ihre positiven Gedanken real sind und dass das, was Sie positiv denken, auch existiert, gibt dem Herrn der Seele die Macht der Erfüllung.

Vergessen Sie nicht, dass in Ihrem Unterbewusstsein der Herr der Seele lebt und das Unterbewusstsein das Zuhause und der finstere Wald ihrer Seele ist.
Denken, Vorstellen Glauben und Fühlen – all das besitzen wir und wir können durch tägliches Üben unser Unterbewusstsein darauf trainieren.
Denken tun wir täglich, bleibt nur die Frage: Wie denken wir?
Denken wir täglich negativ oder positiv? Unser Unterbewusstsein lässt Schlechtes auf uns zukommen, wenn wir Schlechtes tun und denken. Denken wir Gutes und Positives, geht es uns und unseren

Mitmenschen gut. Sie mögen es glauben oder auch nicht, das Unterbewusstsein bewirkt diese Dinge, an die wir denken und glauben.
Was ist das Unterbewusstsein und wie funktioniert es? Das Unterbewusstsein ist der Herr unserer Seele und des Gehirns. Es ist die Wirkungsweise des Denkens und des Handels.

Seien wir vorsichtig mit unseren Gedanken, die so eine unendliche Macht haben, alles im Leben zu verändern.

Beachten wir, dass wir zwei Persönlichkeiten haben, die eine steht für das Böse (die Göttin des Bösen) und die andere für das Gute (Herr der

Seele), der Herr des Guten und der Liebe. Oder wie es eine gute Freundin von mir zu sagen pflegt: das Engelchen und das Teufelchen. Beide Persönlichkeiten wohnen tief in unserem Innern und beherrschen beide ihre Macht!
Die Göttin des Bösen steht für die negativen Gedanken, diese Göttin ist sehr schön und verführerisch, es fällt uns Menschen sehr schwer, dieser Göttin der negativen Gedanken zu widerstehen.

Der Herr der Seele steht für die positiven Gedanken und ist das Gute in uns. Und diesen Herrn der Seele sollten wir in uns entdecken und ihn achten und ehren.
Der Herr der Seele und die Göttin des Bösen leben beide in dem finsteren Wald des Unterbewusstseins und beide beherrschen die Macht der Gedanken. Und die Seele selbst hat die Tendenz jeden Gedanken zu realisieren.

Beachten Sie den Herrn der Seele, der die positiven Gedanken realisieren kann und mit Ihnen zusammen all diese Gedanken verstärken kann. Befreien Sie sich von der Göttin des Bösen, schenken Sie ihr keine Beachtung, damit Sie sich auch befreien können.

Die ständige Wiederholung der positiven Gedanken und der Tat manifestiert sich zum Glauben und endgültig zur Überzeugung.
Vergessen wir nicht: Denken ist ein bioelektrischer Prozess, der auf chemische Elemente reagiert und sich verändern kann.

Positive Gedanken führen zu positiven Ereignissen und zu positivem Handeln. Negative Gedanken führen zu negativen Ereignissen und negativem Handeln.

Stellen Sie sich vor, Ihr Körper sei ein PC, die Festplatte Ihr Unterbewusstsein, die CPU Ihr Gehirn und der RAM-Speicher Ihr Geist.

Wenn alle Einheiten in Ihrem PC stimmen und die Festplatte mit positiven Daten arbeiten kann, dann stimmt auch die Atmosphäre Ihrer Seele.
Sagen Sie zu sich selbst folgende Worte: Es geht mir gut. Ich bin gesund. Ich bin glücklich. Ich bin reich.Ich bin verliebt. Ich bin beliebt.
Glauben Sie das, was Sie zu sich selbst sagen, und stellen Sie sich vor, dass es auch in Wirklichkeit so ist. Entwickeln Sie das Gefühl dazu, dass Sie sich wohlfühlen und gesund sind. Erst dann erleben Sie, dass Ihr Unterbewusstsein diese Zustände realisiert hat.

Wenn Sie täglich nur schon sagen „Ich bin glücklich", erleben Sie nach ein paar Tagen, dass Sie plötzlich anfangen zu lachen – aus heiterem Himmel.

Denken Sie an die antimateriellen Energien, die Sie mit Ihren Gedanken durch Raum und Zeit gleiten lassen. Energien, die jeder Mensch von Geburt an von Gott als Gabe bekommen hat. Kleinste Gedankenpartikel, die Sie zu Ereignissen formen können.
Ihr Unterbewusstsein formt und realisiert diese positiven Gedanken als feste Materie in Ihrem Leben.

Denken Sie an den Stein, den Sie in den Fluss werfen, die Wellen ziehen immer nach vorne.
Und nun kommen wir zum eigentlichen Titel des Buches, zu dem Herrn der Seele. Dieses Buch ist geschrieben worden, um Ihr Leben und das Ihrer Mitmenschen schöner und glücklicher zu gestalten.
Mobilisieren wir doch unser positives Denken. Mobilisieren wir unser Unterbewusstsein. Mobilisieren wir unseren Glauben an das Schöne und Gute auf dieser Welt.

Es lohnt sich, auf dieser wundervollen Welt zu leben.
Die erste und wichtigste Regel ist, zu wissen, wie unsere Gedanken und unser Unterbewusstsein sowie unsere Seele reagieren und

funktionieren. Deswegen habe ich dieses als Erstes beschrieben und ich denke, dass Sie wissen, was ich meine. Wer sonst als Sie?
Sie sind der Mensch, der die beschriebenen Kräfte hat und die Möglichkeiten, diese zu benutzen.
Auf den folgenden Seiten in diesem kleinen Buch können Sie jetzt ein paar Regeln lernen und lesen und ich denke mal, dass noch einige Regeln dabei sind, die für den einen oder anderen interessant sind.

Schauen Sie Ihren Mitmenschen in die Augen, dann schauen Sie in die Seele. Alles geht, auch das Nichts, Sie sollten es nur tun.
Seien Sie stets freundlich zu sich selbst und zu Ihren Mitmenschen.
Und nun testen wir uns mal selbst. Können Sie sich begeistern?
Wenn Sie sich durch Eigenmotivation motivieren, werden Sie keine Probleme haben, Ihre Mitmenschen zu begeistern. Sie sollten sich selbst gut finden und mit sich selbst zufrieden sein.

Hallo, Sie da! Haben Sie Lust, ein paar Übungen mit mir zu machen? Gehen Sie mal bitte zum Badezimmer und betrachten sich im Spiegel. Sagen Sie zu sich selbst, dass Sie ein toller Mensch sind. Sie sind ein toller Mensch, ich weiß es, sonst würden Sie dieses Buch nicht lesen. Klopfen Sie sich selbst auf Ihre Schulter und sagen Sie sich „Ich bin ein toller Typ" oder „Ich bin eine tolle Frau".Umarmen Sie sich selbst und sagen Sie sich, dass Sie sich gern haben.

Na, wie fühlen Sie sich jetzt, besser oder schlechter? Ich denke, Sie fühlen sich besser. Wenn Sie diese Übungen täglich machen, werden Sie merken und fühlen, dass es Ihnen besser geht. Sie werden mehr Energie und Lebensfreude haben.

Und Sie werden feststellen, dass Sie mit Ihren Arbeitskollegen und Ihren Mitmenschen besser zurechtkommen. Eigenmotivation ist ansteckend wie eine Krankheit.

Freuen Sie sich auf jeden Tag, den Sie erleben dürfen. Haben Sie schon mal Ihren Hund beobachtet, wenn
Sie morgens aufstehen? Er freut sich riesig mit Ihnen den Tag zu verbringen.

Das Schwanzwedeln des Hundes ist sein Lachen und seine Freude.
Freuen wir uns des Lebens, denn es ist einfach wundervoll. Und jeden Tag scheint die Sonne, auch dann, wenn Wolken davor sind.
Unsere Erde hat keine Probleme. Nur der Mensch glaubt, Probleme haben zu müssen.

„Glaubet an mich", sagt der Herr der Seele, „denn ich bin in euch, und ich möchte mit euch leben, mit euch den Tag verbringen, mit euch positiv denken, mit euch positiv handeln, mit euch arbeiten und tun, euch am Morgen und in der Nacht begleiten, mit euch zusammen sein, für euch da sein, mit euch an euren Zielen arbeiten, euch die Kraft dazu geben, euch den Glauben verstärken, mit euch an Gott glauben, mit euch lachen und weinen, mit euch fröhlich sein, mit euch Berge versetzen, mit euch Menschen führen, mit euch Menschen begeistern, mit euch alles im Leben erreichen, mit euch lernen und die böse Göttin besiegen. Glaubet an mich, ich bin Realität, auch wenn ihr mich nicht sehen könnt, bin ich doch immer da, bis ans Ende aller Tage."
Wenn Sie nur an das glauben, was Sie auch sehen, dann zweifeln Sie an Ihrem eigenen Glauben.

Heute ist der schönste Tag in meinem Leben!

Ihr Unterbewusstsein funktioniert nur, indem Sie es mit positiven Gedanken füttern, erst dann trägt es die Früchte für positive Ereignisse in Ihrem Leben.
Es gibt genug Geld auf dieser Welt! Wir müssen nur lernen es zu zählen, damit wir es auch richtig aufteilen können.

Ein Alkoholiker glaubt, dass er eine Flasche leer trinkt, so ist es jedoch nicht. Die Flasche trinkt den Alkoholiker leer, Stück für Stück! Sie nimmt seine Fantasie, seine Liebe, seinen Familiensinn, seine Gefühle, sein Herz und seine Seele.

Es sollte unsere Aufgabe sein, so einem Menschen zu helfen!
Denn jeder kann zum Alkoholiker werden, auch Sie und ich.
Alt zu werden gehört zum Luxus in unserem Leben. Sollten Sie jedoch nicht älter werden, dann sollten Sie unbedingt zum Onkel Doktor gehen, denn dann stimmt irgendetwas nicht.

Wer sich selbst und seine Mitmenschen liebt, der wird geliebt.
Kritisieren Sie weich statt hart, denn hart tut weh.

Armen Mitmenschen zu helfen ist ein neues Leben für die Armen. Beachten Sie Ihre Mitmenschen, denn das ist wie Wasser für die Blume. Nehmen Sie die Menschen so an, wie sie sind, und überlegen Sie, was man daraus machen kann. Finden Sie deren Talente.

Fremde sind Freunde, Sie müssen sie nur kennen lernen. Der richtige Umgang mit unseren Mitmenschen öffnet uns alle Türen zum Herzen und der Seele dieser Menschen.

Sich bewegen heißt etwas in Bewegung zu setzen. Wenn Sie ein Vorbild für Ihre Mitmenschen sein wollen, dann müssen Sie zu Ihrer eigenen Persönlichkeit stehen. Sie sollten bereit sein sich selbst zu lieben, dann werden auch Sie geliebt.

Nur mit Ihrer eigenen Persönlichkeit können Sie ein Vorbild sein, damit Ihre Mitmenschen ein Vorbild haben.

Ein Leben ohne Ziel ist ein sinnloses Leben.
Liebe deinen Nächsten! Da Sie sich selbst am nächsten sind, sollen Sie sich selbst lieben, wenn Sie das beherrschen und erlernen, dann können Sie auch Ihre Mitmenschen lieben.

Es gibt keine Zufälle

Sie mögen es drehen und wenden, wie Sie wollen, es gibt keinen Zufall, ich weiß es. Es geschieht nichts aus Zufall. Alles ist gedacht, geplant und erarbeitet. Wenn Wissenschaftler etwas Neues erfinden, dann geschieht dies nicht aus Zufall, sondern durch Fleiß und Arbeit.

Es gibt keine Zufälle, auch wenn Sie der Meinung sind, es war ein Zufall. Ein Haus erbaut sich nicht durch Zufall. Die Liebenden lieben nicht durch Zufall und der Mensch ist kein Zufallsprodukt.

Entweder haben Sie vorher an eine Sache oder an eine Person gedacht oder Sie haben an der Sache oder an der Person gearbeitet, auch durch Gedankenübertragung. Wenn es eine ungedachte Begegnung ist, so ist dies ein Zeichen, das Ihnen mit Sicherheit vom Unterbewusstsein gegeben wird.

Noch eine Frage habe ich an Sie: Halten Sie sich für ein Zufallsprodukt? Niemandem fällt irgendetwas zu. Sie müssen für alles etwas tun, auch für den von uns sogenannten Zufall. Zufällig treffen Sie irgendjemanden, nein, es gibt ja keinen Zufall. Sie treffen diese Person, weil Sie auf irgendetwas aufmerksam gemacht werden, sei es bewusst oder unbewusst, dies geschieht durch Denken und Fühlen. Wir Menschen senden und empfangen bewusste Signale. Signale, die uns vom Unterbewusstsein in die reale Welt führen.

Auf Wiedersehen, du sogenannter Zufall, und willkommen in der Wirklichkeit.

Ein Mensch, der einen anderen Menschen tötet, ist ein Mörder, er tötet nicht aus Zufall, sondern weil er es vorher geplant hat.
Vergessen wir endlich den Zufall, es gibt keinen Zufall.
Wer nicht an den Zufall glaubt, lebt erfolgreicher, das gilt auch für die Polizei und den Kriminologen. Zu 75 Prozent steht hinter dem sogenannten Zufall eine Lüge.
Und sollte es keine Lüge sein, dann ist es bestimmt durch Gedanken. Jeder Kriminelle hat vorher den Gedanken daran, etwas nicht Legales zu tun, der Kindermörder beobachtet sein Opfer lange Zeit, bevor er zuschlägt! Er kann nicht sagen, er habe das Kind zufällig getroffen, nein, so ist es nicht! Denn es gibt keinen Zufall! Das ist eine Lüge.

Es gibt sicherlich eine kleine moralische Lösung dafür, dass man einen Kindermörder immer wieder finden kann und auch der Kindermörder keine so große Chance bekommt, ein Kind zu töten. Wir leben in einer Welt voller Technik und geben uns in diesem Bereich weltweit sehr viel Mühe, es mag wohl kein so großes Problem sein, einem Kind von Geburt an einen kleinen, winzigen Chip unter die Haut zu geben, vielleicht bis zum 12.Lebensjahr.Somit ist gewährleistet, dass, wenn das Kind mal verschwunden ist, es innerhalb von nur ein paar Stunden zu finden ist. Denn über diesen Chip kann man ausfindig machen, wo sich das Kind befindet. Ist sicherlich für die Polizei und die Eltern von Vorteil, denn es gibt keine Zufälle, alles im Leben ist bestimmt und wird von uns Menschen hervorgerufen.
Unser Universum ist nicht durch Zufall entstanden, um Gottes willen! Wir hätten sonst ein einziges Chaos.

Niemand wird durch Zufall ein Star oder ein Schriftsteller, niemand wird durch Zufall reich, alles im Leben ist bestimmt!
Auch ein sogenannter Lottogewinn.

Und für alles, was Sie im Leben erreichen wollen, müssen Sie etwas tun, auch wenn Sie Geld verdienen wollen. Sie fahren Ihr Auto nicht, weil es durch Zufall entstanden ist, nein, es ist errechnet, erarbeitet und von Technikern entwickelt worden.
Für mich gibt es das Wort Zufall nicht und es ist auch eigentlich kein Thema für mich, jedoch irgendjemand sollte Sie darauf aufmerksam machen, dass es keinen Zufall gibt.
Wenn Sie in einen Würfelbecher 4 Würfel hineinlegen und drehen den Würfelbecher auf den Kopf zum Tisch, dann fallen diese Würfel nicht durch Zufall, sondern weil Sie es so wollten und getan haben.
Auch die Zahlenkombination ist kein Zufall, sondern von Ihnen gewollte Reaktion. Selbst wenn wir den Vorgang mathematisch errechnen würden, wüssten wir, dass der Würfelbecher seinen Raum hat und die Würfel ihr eigenes Gewicht, die dann mit einer gewissen Geschwindigkeit in die Tiefe fallen.

Das Wort Zufall benutzen wir allzu gerne, um ein Ereignis besser verstehen zu wollen, jedoch der sogenannte Zufall ist ein von Menschenhand hervorgerufenes Ereignis.

Wir leben heute in einer wahnsinnig technischen Zeit und haben fast alle Möglichkeiten.
Auch die Möglichkeit, unsere Kinder vor einem Kindermörder zu schützen, es ist nur eine moralische Frage, womit die Menschen sich auseinandersetzen müssen und wollen.
Kinder sollten unter dem Schutz des Staates stehen, man könnte zum Beispiel ein Kind vom 12.Monat an bis zum 12.Lebensjahr einen Chip unter die Haut pflanzen.
Dieser Chip geht dann über das UMTS Navigationssystem, damit können wir unsere Kinder immer finden, wenn diese mal etwas später nach Hause kommen.
Die Eltern des Kindes geben dann über das Navigationssystem die Nr. des Chips ein und wissen dann bis auf einen Meter, wo ihr Kind sich befindet.

Damit ersparen wir uns und der Polizei eine große Suchaktion und einige Sorgen.
Wie ich schon anfangs schrieb, ist dies wohl eine moralische Frage, Moral hin und her! Das sollten uns unsere Kinder wert sein.

Die Möglichkeiten sind da, nutzen sollten wir diese schon selbst.

Vorstellungskraft

Vorstellungskraft! Was kann man sich allgemein darunter vorstellen? Ein paar Erklärungen zur Vorstellungskraft können Sie jetzt auf den nachfolgenden Seiten lesen.
Sie mögen es glauben oder auch nicht, die Vorstellungskraft hat etwas mit Ihrem Unterbewusstsein zu tun. In unserem Unterbewusstsein und in unseren Gedanken liegen magische Kräfte verborgen. Kräfte, von denen wir nicht einmal ahnen, dass es sie gibt.
Das Unterbewusstsein bewirkt die Dinge, an die wir denken und glauben, wobei der Glaube an die Dinge verloren geht. Der Gedanke ist da! Nur der Glaube daran ist sehr schwach. An etwas ganz stark zu glauben kann man lernen und üben. Glaube versetzt Berge, Sie können mit der Hilfe Ihres Unterbewusstseins Dinge bewirken, bewegen und bestimmen, ohne sie mit Ihrem Körper zu berühren.

Ist unser Unterbewusstsein nicht außergewöhnlich? Wir Menschen sind außergewöhnlich.

Ich habe mein Unterbewusstsein einem harten Test unterzogen und festgestellt, dass wir Menschen es hier mit einer Macht zu tun haben, die für uns unbegreiflich zu sein scheint. Eine Macht, von der ich glaube, dass sie nicht durch Evolution, sondern durch Gottes Macht geschaffen wurde.

Selbst wenn Sie ein Glücksgefühl fühlen möchten, brauchen Sie sich nur täglich positive Suggestionen zu sagen und es sich zur Aufgabe machen, täglich zu lachen.
Positive Suggestionen sind Wörter, die Sie zu sich selbst sagen. Suggestionen sind sogenannte Motivationswörter, mit denen Sie sich selbst motivieren können.
Denken wir an unsere mentale Seele, die die Fähigkeit hat, auch die Chemie des Unterbewusstseins zu formen.

Unser Ichbewusstsein! Ein ICH mit einer eigenen Aura, unser Seelennebel, kleinste Atompartikel, die unseren Lebensraum umgeben, ein atomarer Astralnebel, den wir mit unseren Gedanken durch Raum und Zeit weiterleiten können. Weiterleiten zu unseren Mitmenschen.

Wir besitzen die Fähigkeit, zu senden und zu empfangen. Senden Sie Ihre Aura positiv aus, damit Ihre Mitmenschen positive Gedanken empfangen können. Positive Impulse voller Energie und Wirkung. Damit Sie sich selbst und Ihren Mitmenschen helfen können.
Wir sind Gottes Kinder mit göttlichen Gaben, Gaben, die Sie täglich positiv nutzen sollten für sich selbst und unsere Mitmenschen.

Vergessen wir bitte nicht, dass es Menschen gibt, die unsere Hilfe benötigen, Menschen, die Hunger haben, Menschen ohne Schule, Menschen ohne Familie und Ideale, Menschen, die nicht die Gelegenheit haben, sich entfalten zu können und zu dürfen. Doch auch diese Menschen haben das Anrecht darauf, es sollte unsere Aufgabe sein, diesen Mitmenschen zu helfen.

Wir alle haben das Recht, ein gutes und gesundes Leben zu führen. Wir leben in einer Welt, in der wir voller Glück und Gesundheit leben können. Wir sollten jedoch dazu bereit sein, mit dem Herrn unserer Seele zusammenzuarbeiten.

Der Herr der Seele sagt!

Auch wenn wir glauben, die Wege des Schöpfers seien unerforschlich, Dann ist das so nicht richtig! Denn Leid und Kriege werden von den Menschen geführt.
Der Schöpfer hat die Menschen und diese wundervolle Welt geschaffen, er ist nicht der Herrscher dieser Welt.
Die Herrscher sind die ungläubigen Menschen, die Gott sein möchten, doch es gibt nur einen wahren Gott im Universum. Und unsere Erde liegt in der Macht dessen, der nicht glaubt und böse ist.
Bitte fragen Sie nicht warum läst der Schöpfer das Leid auf Erden zu, für das Leid auf Erden, tragen wir Menschen die Verantwortung.
Kriege, Leid, und Hass, sind nicht die Wege des Schöpfers, sondern die Wege des ungläubigen.
Der Schöpfer empfindet keinen Hass, er führt keine Kriege, er tötet und mordet nicht. Die Intelligents des Schöpfers liegt bei 100 % wir Menschen können zu zeit nur 10 % Nutzen, doch der Schöpfer sagt auch! Dass auch wir diese 100%-Nutzen könnten, wenn wir lernen zu glauben.

Suggestionswörter

Hier möchte ich Ihnen ein paar Suggestionswörter anbieten, von denen Sie sich das heraussuchen können, wo Sie der Meinung sind, das wäre doch was für mich. Falls Sie sich hier einen Satz heraussuchen, möchte ich Sie darum bitten, diesen Satz zehnmal vor dem Schlafengehen aufzusagen. Das können Sie tun, während Sie im Bett liegen.

Ich bin gesund.
Ich bin reich.
Ich bin vom Glück verfolgt.
Ich bin ein guter Mensch.
Ich bin glücklich.
Ich bin verliebt.

Ich bin ein guter Vater.
Ich bin eine gute Mutter.
Ich bin schön.

Das könnte man jetzt beliebig erweitern, wichtig ist nur, dass Sie vor jeden Satz „Ich bin …" setzen. Die Worte „Ich bin" werden vom Unterbewusstsein als Realität angenommen und führen dazu, dass diese Ereignisse in Ihr Leben treten. Natürlich müssen Sie auch etwas dafür tun, um das Gefühl dafür zu entwickeln, dass es so ist. Glauben Sie ganz, ganz fest daran und berühren Sie Ihre Seele.

Wenn Sie täglich ein paar Worte von diesen Suggestionen zu sich selbst sagen, werden Sie schon nach ein paar Wochen feststellen, dass es so ist.

Ich interessiere mich sehr für meine Mitmenschen. Mitmenschen sind und bleiben immer etwas Wundervolles. Würden Sie mir glauben, wenn ich sage, dass jeder Mensch ein Gewinner ist?

Jeder Mensch ist ein Gewinner, denn wenn dies nicht so wäre, dann wären Sie heute nicht auf dieser Welt. Bevor Sie geboren wurden, mussten Sie gegen Milliarden von Samenzellen kämpfen.

Sie sind derjenige, der es geschafft hat, den Eisprung zu erreichen.
Und als Belohnung bekamen Sie die Energie der Seele und mit der Energie der Seele bekamen Sie Ihr eigenes Ich! Die eigene Persönlichkeit.
Wir alle haben Grund genug, auf uns stolz zu sein. Der Mensch ist einzigartig und er ist unverwechselbar. Er ist Persönlichkeit im eigenen Ich.

Sind wir Menschen nicht wundervoll? Können Sie sich jetzt vorstellen, warum ich mich für meine Mitmenschen interessiere?
Wir Menschen sind einfach toll, Sie, ich und alle anderen. Und wir haben das Glück, auf einer wundervollen Welt leben zu dürfen.
Auf einer Welt, die alles für uns offen hält, die uns das Leben und noch einiges mehr zu bieten hat, das ist einfach bärenstark.

Wir als Einzelner können diese Welt nicht ändern, jedoch haben wir die Möglichkeit, einen kleinen Schritt dazu zu tun.
Geben Sie Ihren Mitmenschen die Gelegenheit, ihr Talent zu zeigen, damit sie dafür belohnt werden. .

Ich weiß, wie schwer wir uns tun, unsere Mitmenschen zu loben. Sie sollten es einfach nur tun. Sie dürfen auch kritisieren, wer aber kritisieren kann, der sollte auch loben können. Wenn Sie der Meinung sind, Sie müssen kritisieren, dann kritisieren Sie weich, hart tut weh.
Auch wenn es manchmal ein hartes Brot ist, sollte das Brot jedoch immer noch schmecken. Wie sagen die Öcher (Aachener): „Da haste 'ne Zigarre bekommen, was, Junge. Egal, Hauptsache, sie schmeckt."

Es gibt im Leben eines Menschen nur zwei Tage, die wir persönlich nicht beeinflussen können. Das ist der Geburtstag und der Todestag. Alle anderen Tage in unserem Leben können wir verändern, beeinflussen und bewirken. All diese Tage sind immer für uns das Heute.

Die neue Art von Schule

Vielleicht gibt es ja irgendwann eine Schule, wo wir lernen dürfen, uns zu umarmen. Wo es Urkunden für Leistungen gibt statt Zeugnisse. Und einen Boxsack im Schulfoyer, wo wir unsere Aggressionen abbauen können. So eine Schule sollten wir uns alle wünschen, damit wir und unsere Mitmenschen besser miteinander auskommen.
Eine Schule, wo man nicht nur rechnen und lesen lernt, sondern auch Menschen führen und begeistern lernt! Nur eine Unterrichtsstunde am Tag würde die Gewalt an den Schulen sterben lassen! Darüber sollten wir mal nachdenken.
Wenn wir davon ausgehen, dass wir Menschen zu 85 % unsere Signale über unseren Körper ausgeben, sollte man sich mehr mit den Empfindungen unseres Körpers oder der Psyche befassen.
Sicherlich ist es wichtig, dass wir rechnen und lesen lernen, jedoch sollte es genau so wichtig sein, dass die Kinder lernen sich selbst zu erkennen und dass die inneren Gefühle und Absichten dafür da sind, um diese zu zeigen.

Ich bin kein Psychologe und hab davon auch nicht viel Ahnung, ich sehe jedoch die Menschen und beobachte deren Körpersprache, diese Körpersprache sagt mir mehr als Tausend Worte.

Wenn es in der heutigen Schule zwei Stunden das Thema „Menschen führen und begeistern" gäbe, dann würden wir einen großen Schritt dazu tun, dass Kinder sich in der Schule und auch mit ihren Mitmenschen besser verstehen würden. Gerade bei unseren Kindern sollten wir damit anfangen, denn in den Kindern und der Jugend liegt die Zukunft für morgen.

Und irgendwann werden die Kinder ihre Eltern an die Hand nehmen und ihnen zeigen, dass es auch anders geht.
Ich möchte jetzt hier keinen kritisieren, jedoch möchte ich gerne meine Meinung äußern! Leider ist es heute immer noch so, dass die Psychologen erst dann gerufen werden, wenn es 5 vor 12 ist.

Ich weiß auch, dass es nicht immer einfach ist, das richtige Mittel oder die richtige Methode zu finden.

Es sollte jedoch unsere Aufgabe sein oder unsere Pflicht, dass es in jeder Schule einen Psychologen geben sollte, der den Kindern beibringt, wie diese mit Ihren Gefühlen umgehen.
Kinder von 6–10 kennen keinen Rassismus und auch keine Menschenfeindlichkeit, Kinder sind meistens für alles offen und wenn die Psychologen den Kindern zeigen das beizuhalten, dann werden wir

Erwachsenen in Zukunft uns nicht mehr mit Gewalt an den Schulen auseinandersetzen müssen.

Es gibt eigentlich keine dummen Kinder, Kinder haben ein hohes Auffassungsvermögen und verstehen sehr wohl, was wir meinen und ihnen zeigen. Wenn man den Kindern frühzeitig zu verstehen gibt und sie lehrt, dass alle Menschen auf dieser Welt eine eigene Persönlichkeit haben, dass man seine Mitmenschen achten und ehren soll und dass alle Menschen wundervolle Geschöpfe sind, dann haben wir einen kleinen Schritt zu einer großen Veränderung vollzogen.
Ich habe auch festgestellt, dass es nicht in allen Schulen Gebete gibt, was ich eigentlich sehr bedauere.
Für mich würde es in der Schule eine Pflicht geben, dass die Kinder sich morgens zum Schulanfang begrüßen und umarmen, damit zeigt man sich, dass man sich gern hat, und irgendwann wird es zu Fleisch und Blut.

Kinder haben eine wundervolle Eigenschaft, die wir als Erwachsene verdrängt oder verlernt haben.
Kinder zeigen offen ihre jeweilige Gefühlslage, sie drücken ihre seelischen Befindlichkeiten, Sympathien, Antipathien und ihre Körpersprache voll aus.

Und hier und da ist der Punkt, wo wir als Eltern und Erwachsene und unsere Psychologen darüber nachdenken sollten.

Zum Abschluss

Auf den ersten zehn Seiten des Buches habe ich erklärt, aus was wir Menschen bestehen und was wir von Natur aus sind. Ich habe versucht, es so einfach wie möglich zu erklären, beziehungsweise so, wie ich es verstehe. Ich hoffe, dass es mir gelungen ist, es Ihnen verständlich erklärt zu haben.

Es ist oft nicht einfach, die Denkweise des anderen zu verstehen, jedoch möchte ich dazu sagen, dass ich mich schon seit dreißig Jahren offiziell mit dem Thema Mensch beschäftige. Ich fühle mich dazu verpflichtet, meine Erfahrungen den Mitmenschen auf dieser Welt mitzuteilen.

Ich stamme aus einer Arbeiterfamilie und habe somit auch keine gute Schulbildung, eher schlecht, würde ich sagen. Jedoch wollte ich es nicht dabei belassen und ich eignete mir das Wissen über die Menschen durch Lesen von Literatur und durch eigene Versuche an. Ja, sogar eine Reise aus dem Ich habe ich gemacht!
Und ich weiß auch jetzt, dass es wirklich die Seele gibt, von der die ganze Welt spricht! Und ich bin mir sicher, dass wir in circa fünfzig Jahren die Seele auch filmen können. Ich denke mal, dass es bis dahin eine Kamera gibt, die in der Lage ist, feinste Impulspartikel durch optische Abtastung festhalten zu können.

Es gibt schon sehr viel Technik auf dieser Welt, von der ich keine Ahnung habe, jedoch bin ich davon überzeugt dass der Mensch nur das erschaffen kann, was er in seiner eigenen Persönlichkeit darstellt.

Sie werden beim Weiterlesen des Buches feststellen, dass sich einige Abschnitte wiederholen werden, dieses dient dazu, dass Ihr Unterbewusstsein es besser aufnehmen kann.
Warten wir nicht auf ein Märchenglück, die Märchen sind heute sehr selten geworden.
Als ich noch ein kleiner Junge war, wünschte ich mir zu Weihnachten ein Fahrrad. Unser Nachbarsjunge bekam zu Weihnachten das schönste Fahrrad, das man sich je vorstellen konnte.

Ich bekam Äpfel und Süßes, sicherlich hab ich mich darüber gefreut, als ich jedoch zum 3.Weihnachtsfest immer noch kein Fahrrad bekam, wusste ich endlich, dass es gar keinen Weihnachtsmann gibt.
Seien wir uns bewusst, dass wir für alles, was wir uns wünschen, etwas tun müssen, selbst an unseren Zielen arbeiten und tun bedeutet all seine Ziele zu erreichen.

Egal was für ein Ziel Sie sich setzen, drei Dinge sind dabei am wichtigsten: das Ziel vor seinem geistigen Auge klar zu sehen, das Ziel nie aus den Augen zu verlieren, und an dieses Ziel mit all Ihrer Kraft zu arbeiten und es ständig zu tun.

Ihr Unterbewusstsein arbeitet fast so wie eine Festplatte mit dem einzigen Unterschied, dass Sie nicht so darauf zugreifen können wie auf Ihren PC; es gibt jedoch die Möglichkeit, das über Hypnose zu tun. Wenn wir es mal umrechnen würden, hätte das Unterbewusstsein eine Speicherkapazität von ungefähr 900 Millionen Gigabyte!

Nun möchte ich Sie hier nicht weiter mit solchen Sachen aufhalten, sondern mit dem Schreiben über die Menschen fortfahren.
Zur Erinnerung: Würden Sie mir die Frage stellen „Wie kann ich erfolgreich werden?", wäre meine Antwort „Keiner kann erfolgreich werden, wir können nur erfolgreich sein.".

Erfolgreich zu sein bedeutet gewisse Dinge zu erledigen, die wir uns vorgenommen haben zu tun.

Wenn Sie ständig das tun, was Sie sich vorgenommen haben, dann können Sie nur erfolgreich sein. Aber bitte nicht morgen, sondern heute. Denn Sie können morgen nichts für heute tun. Das Gestern können Sie nicht ändern und das Morgen können Sie nur planen. Ob Sie das Morgen verwirklichen können, liegt in Gottes Hand.

Versuchen Sie sich nicht in eine Form zu pressen, in die Sie nicht hineinpassen. Bleiben Sie so, wie Sie sind, denn in Ihnen steckt ein wundervoller Mensch, ein Mensch, den man mit Worten nicht beschreiben kann. Sie sollten sich nur entfalten und lernen, wie man mit seinen Mitmenschen umgehen kann, und dazu gehört auch der Herr der Seele. Sich nicht in eine Form hineinzupressen, in die Sie nicht hineinpassen, damit meine ich, dass Sie sich selbst treu bleiben sollen, so wie Sie sind.

Ihre Mimik und Ihre Körpersprache sind hier gefragt. Wenn Sie Schauspieler werden möchten, fragt niemand nach einem zweiten „Sylvester Stallone".Das
Publikum möchte eine neue Persönlichkeit sehen. Sie möchte man sehen und nicht eine schlechte Kopie.

Das gilt auch im Leben und immer, wenn wir es mit Menschen zu tun haben. Vorbilder dürfen wir alle haben, jeder große Star und jeder Politiker hatte vorher ein Vorbild. Auch Sie und ich, oder?
Menschen, die sich an Vorbildern orientieren, leben ein sinnvolles Leben. Ohne Vorbilder gäbe es keine großen Stars. Vorbilder können dazu verleiten, dass Sie selbst ein Vorbild werden. Nicht die Kopie Ihres Vorbildes, sondern Sie selbst.
Bitte nehmen Sie sich zu Herzen: Bleiben Sie Ihrem eigenen Ichbewusstsein treu und machen Sie das Beste daraus, niemand kann so sein wie Sie! Sie sind einzigartig in Ihrer Art.

Seien Sie Ihr eigener Sonnenschein, dann scheint auch Ihr Leben wie die Sonne selbst. Seien Sie ein Straßenstreicher oder ein König.

Sie sind dafür verantwortlich, was Sie tun und was Sie nicht tun. Das heißt, wenn Sie nicht arbeiten, sind Sie dafür verantwortlich, dass Sie kein Geld verdienen, und wenn Sie arbeiten, sind Sie dafür verantwortlich, dass Sie Geld verdienen und haben.
Das Einzige, worauf es ankommt, ist, dass wir daran arbeiten und lernen, uns zu entfalten.

Wenn Sie dazu bereit sind, Ihre Persönlichkeit zu entfalten, dann sollten Sie sich mit der Macht Ihres Unterbewusstseins vertraut machen. Es ist so egal, was Sie machen, Hauptsache ist nur, Sie tun es. Es zu tun ist das andere Wort für Erfolg.

Positive Gedanken und der Glaube daran, dass diese Gedanken Realität sind, bringen Ihr Unterbewusstsein dazu, es als positives Ereignis in Ihrem Leben zu leiten.
Diese positiven Ereignisse müssen unweigerlich auf Sie zukommen, denn es ist die Funktionsweise unseres Unterbewusstseins, sich bildlich vorzustellen, dass Ihre positiven Gedanken real sind und dass das, was Sie positiv denken, auch existiert.

Denken, Vorstellen, Glauben und Fühlen – all das besitzen wir und wir können durch tägliches Üben unser Unterbewusstsein darauf trainieren.
Seien Sie Ihr eigener Sonnenschein in Ihrem Leben, denn dann scheint auch die Sonne für Ihre Mitmenschen. Lachen und Fröhlichsein ist ansteckend, zeigen Sie Ihre Gefühle offen und ehrlich.
Wenn Sie Lust haben zu tanzen, dann tanzen Sie.
Wenn Sie Lust haben zu lachen, dann lachen Sie doch.
Wenn Ihnen nach Weinen ist, dann weinen Sie doch.

Niemand wird es Ihnen übel nehmen.
Ein Mensch, der innerlich glücklich ist, dessen Augen glänzen wie Diamanten. Jeder Mensch sollte so ehrlich sein, dem anderen in die Augen zu schauen, denn dadurch schauen Sie Ihren Mitmenschen in

die Seele. Ich schaue in Ihre Augen und durch Ihre Augen sehe ich in Ihre Seele, ich höre die Musik Ihres Herzens und sehe das Verlangen nach Liebe und Anerkennung.

Wann auch immer Sie ein Gespräch führen, schauen Sie Ihrem Gesprächspartner immer in die Augen, das ist so wichtig wie das Wasser für die Pflanze.

Denken Sie an die antimateriellen Energien, die Sie mit Ihren Gedanken ausstrahlen, und nehmen Sie Kontakt mit den Augen auf.
Jeder Mensch hat seine eigene Persönlichkeit, sozusagen sein eigenes Ich. Ein ICH mit einer eigenen Aura, unser Seelennebel, kleinste Atompartikel, die unseren Raum umgeben. Ein atomarer Astralnebel, den wir mit unseren Gedanken durch Raum und Zeit weiterleiten können. Weiterleiten zu unseren Mitmenschen.

Wir haben und besitzen die Fähigkeit zu senden und zu empfangen. Senden Sie Ihre Aura positiv aus, damit Ihre Mitmenschen positive Gedanken empfangen können.

Positive Impulse voller Energie und Wirkung. Damit Sie sich selbst und Ihren Mitmenschen helfen können. Wir sind Gottes Kinder mit göttlichen Gaben, Gaben, die Sie täglich positiv nutzen sollten, für sich selbst und unsere Mitmenschen.
Vergessen wir bitte nicht, dass es Menschen gibt, die unsere Hilfe benötigen, Menschen, die Hunger haben, Menschen ohne Schule, Menschen ohne Familie und Ideale, Menschen, die nicht die Gelegenheit haben, sich entfalten zu können und zu dürfen. Doch auch diese Menschen haben das Anrecht darauf, es sollte unsere Aufgabe sein, diesen Mitmenschen zu helfen.

Wir alle haben das Recht, ein gutes und gesundes Leben zu führen, das sind wir uns alle wert! Vergessen Sie bitte nicht: Es gibt drei Dinge auf der Welt, die Sie mit Geld nicht kaufen können; das sind die Gesundheit, die Liebe und das Glück, jedoch diese drei Dinge kann man geschenkt haben! Das kostet uns keinen Pfennig. Jeder Tag gibt uns eine neue Chance, eine Chance, die wir nutzen sollten, weil jeder Tag zählt! Wie oft laufen wir an unserem Glück vorüber, ohne dass es uns auffällt.

Seien wir für jeden Tag, den wir erleben dürfen, dankbar, denn das Leben ist sehr, sehr schnell beendet. Wenn wir jung sind, haben wir alle Zeit der Welt, je älter wir werden, umso schneller verlebt sich das Leben. Jeder Tag ist anders und jeder Tag hat neue Chancen, unser Leben schöner zu gestalten. Keiner weiß, was uns der nächste Tag bringt, jedoch können wir heute den morgigen Tag besser gestalten. Die Gegenwart ist da, um die gegenwärtige Zeit zu nutzen, zu nutzen für den morgigen Tag.

Vergessen wir nicht: Sie können heute nichts für gestern tun, jedoch für morgen.

Denken wir an unsere Seele! Diese Seele ist Ihr eigenes Ich! Und diese Seele ist Realität! Sie ist da und lässt uns leben, ein Leben, das wir uns selbst schön machen können, wenn wir dazu bereit sind, uns zu ändern. Und denken wir auch an unsere zwei Persönlichkeiten, die in uns sind! Die Göttin des Bösen und der Herr der Seele! Für das Gute und Liebenswerte in uns.

Versuchen wir nicht diese Welt zu ändern, die Welt ist schon in Ordnung! Wir sollten uns ändern! Und wir sollten mit unseren Gedanken anfangen, denn es ist der Gedanke, der zählt, der alles verändern kann und der uns anders leben lässt.

Denken Sie mal darüber nach! Danke!

Warum ein Thema über die Vergangenheit der Männer? Und warum das Thema über Liebe und Ehe?

Warum ein Thema über den Mann und die Frau! Nun ich möchte es mal so sagen: Wenn man in einem Buch über die Liebe schreibt, gehört in erster Linie ein Mann und eine Frau dazu.

Wir leben in einer sehr modernen und gefühlsfreien Umwelt, sodass es auch eine Liebe zwischen Mann und Mann oder Frau und Frau geben kann. Eins sollte uns jedoch bewusst sein, unser Schöpfer schuf Mann und Frau für die Liebe und der Fortpflanzung, um unser schöpferisches Ebenbild zu gebären.

Ein Mann, der eine Frau sein möchte, ist eine erfolglose Frau, und eine Frau, die ein Mann sein möchte, ist ein erfolgloser Mann. Versuchen Sie was sie auch wollen, es gibt in der Schöpfung keinen Irrtum, es gibt jedoch den Irrtum im Denken und fühlen der Menschen.

Die Antworten auf diese Irrtümer werden beim Weiterlesen des Buches beantwortet. Tatsache ist jedoch, wenn man schon über das Leben nach dem Tode und die Liebe schreibt sollten wir auch wissen, dass, wenn man sich verliebt, man immer diese Frau oder den Mann schon aus einem anderen Leben kennt oder kannte.

Dieses Thema möchte ich jedoch kurz erwähnen, um daraus zu lernen. Wir Männer und wir Frauen haben heute noch mit Gefühlsveränderungen zu tun, die uns sehr verletzen können! Und nicht jeder kommt mit solchen Gefühlsveränderungen klar! Jedoch diese Gefühle können doch sehr extrem sein und unsere Seele verletzen. Um das alles ein wenig zu reduzieren oder es besser zu verstehen, warum das so ist, möchte ich hier das Thema Mann, Frau, Liebe und Ehe kurz erwähnen.
Was der Herr der Seele über die Vergangenheit der Männer sagt:
im Urinstinkt des Mannes, und das ist auch heute noch so, lebt ein Jäger und Sammler.

Dieses Ur-vorleben des Mannes ist heute noch im Unterbewusstsein des Mannes gespeichert.
Vor ca.10.000 Jahren ging der Mann auf die Jagd! Er jagte das Tier, sammelte Gegenstände und Frauen.

Dies ist beim Mann auch heute noch so, bei dem einen mehr und bei dem anderen etwas weniger, mit dem kleinen Unterschied, dass es heute auf moderne Art vollzogen wird.

In allererster Linie hat der Mann das Bedürfnis, eine Frau besitzen zu müssen. Dieses tut er jedoch unbewusst, jedoch das gute Gefühl zu haben, etwas Eigenes zu besitzen, lässt seinen Körper danach handeln. Ein Mann hat auch heute noch das Gefühl, eine Frau beschützen zu müssen - das ist auch eine gute Eigenschaft des Mannes - gegen andere Männer, Tiere und Gefahren, obwohl die Tiere heute meist nur noch Haustiere sind. Die anderen Männer haben ja auch das Bedürfnis, eine andere Frau zu entdecken, das weiß der Mann ja zu gut, denn wir sind halt Männer (Sammler und Jäger).
Der Mann will schon zeigen, wo es langgeht, und bestimmt meistens die Fährte.

Er glaubt auch heute noch, dass die Frau das schwache Geschlecht ist. Mag in gewisser Hinsicht ja stimmen, hat sich jedoch in 10.000 Jahren bei der Frau geändert! Eine Frau möchte erobert werden und nicht gejagt.
Auch die Eifersucht ist bei uns Männern ausgeprägter als bei Frauen, wir Männer ertappen uns auch heute noch dabei, eifersüchtig zu sein, wenn unsere Frau oder Freundin mit einem anderen Mann tanzt, redet und lacht.
Hallo ihr Männer! Hier heißt die Antwort vertrauen! Wir sollten schon lernen kleine Unterschiede zu erkennen.
Wenn der Mann eine wundervolle, schöne Frau hat, ist es doch ganz normal, dass andere Männer auch gerne mit so einer Frau mal tanzen wollen. Für den Mann, der diese wundervolle Frau als Freundin oder

Ehefrau hat, muss es doch ein superschönes Gefühl sein, auf diese Frau stolz zu sein. Alle Männer beneiden Sie um diese wundervolle Frau, und wenn Sie doch wissen, dass diese Frau Sie liebt, was sollte denn schon passieren? Schenken Sie ihr das Vertrauen, dass diese Frau verdient hat.

Wenn der Mann einen Frau hat, die er über alles liebt und die Frau ihn, dann ist die Harmonie einer Liebe immer das Vertrauen.
Eifersucht kann schön und gut sein, solange sie nicht zu einer ständigen Sucht wird, denn dann können Sie auch eine noch so große Liebe verletzen und zerstören, seien Sie sich dessen bewusst, das gilt für den Mann und auch für die Frau. Obwohl es beim Mann 65 % sind und bei der Frau nur 25 %.Wobei die Frau hiermit im Nachteil ist, weil Sie es mit 65 % Jäger und Sammler zu tun hat.

Also! Wir Männer! Das heißt, wir haben es zu 75 % mit guten, wundervollen und ehrlichen Frauen zu tun.
Ein echtes Geschenk Gottes.
Am deutlichsten von Jagd und Besitz kann man das bei Männern feststellen, die in der Öffentlichkeit leben, Stars, Politiker oder große sogenannte Persönlichkeiten.

Hier kommt sehr oft der Trieb nach Sammeln und Jagd zum Vorschein.
Das kurze Besitzen und das Erobern und die Jagd einer Frau soll beweisen: Ich bin ein begehrter Jäger! Hierbei werden jedoch leider so manche Gefühle der ehrlichen Frauen verletzt.
Kommen wir mal, so weit ich es so schreiben kann, zu den sogenannten Normalitäten.
Wenn Sie sich verlieben, geschieht dies aus zwei Gründen. Erstens: Es stimmt die Chemie zwischen Mann und Frau! Und zweitens: Sie kennen den Mann oder die Frau aus einem Leben davor.
Das Aussehen spielt hier nur eine Nebenrolle oder auch nur einen Effekt.

Hier entscheiden das Herz und die Seele, die Ehrlichkeit, die Offenheit, das Für ein- an- der-da-sein, die Zärtlichkeit, das Vertrauen, den anderen zu verstehen, ihn oder sie auf Händen zu tragen, demjenigen tief in die Augen schauen zu können, fröhlich zu sein, lachen und tanzen, zu helfen, wenn einmal die Kraft verloren geht, und, und, und ...
Sie verlieben sich in eine Seele, deren Gefühle nicht mit dem Verstand zu ermessen sind.

Es gibt viele Ehen und Liebesgeschichten oder Beziehungen, wobei es doch hin und wieder mal geschehen kann, dass die kleinen Alltagsprobleme des Lebens so einiges verändern können oder der Grund sind, sich nicht mehr zu verstehen oder füreinander da zu sein. Man könnte jetzt eine ellenlange Liste anführen, jedoch würde das wohl hier den Rahmen des Buches sprengen, vielleicht bin ich ja auch nur ein nicht so großer Schreiber.

Ich kenne persönlich sehr viele Ehen und Beziehungen, wo der Mann oder die Frau einen Freund oder Freundin haben.
Es geschieht schon mal, dass man sich mehr als einmal verliebt und dass es wirklich die große Liebe mehr als einmal gibt.

Wenn sie sich jedoch in einer Beziehung befinden, haben der Mann oder die Frau zwei Möglichkeiten:
Entweder ist man ehrlich und sagt es dem Partner oder man behält es als ein Geheimnis, das Letztere wäre unter Umständen die bessere Alternative, wie gesagt unter Umständen.
Nicht jede Frau oder jeder Mann gibt seine sogenannte bessere Hälfte kampflos auf.

Der Gedanke allein, seine Familie durch eine andere Frau oder einen anderen Mann zu verlieren, bringt uns zum Wahnsinn! Obwohl im Grunde genommen verliert man seine Familie ja gar nicht, da sind ja noch - falls vorhanden - die Kinder, die man über alles auf dieser Welt liebt und für die man auch in Zukunft da sein sollte, denn unsere Kinder sind unsere Zukunft.

Jedoch sollten wir uns auch darüber bewusst sein, dass, wenn die Gefühle füreinander nicht mehr da sind, eine diplomatische Trennung die bessere Alternative ist.

Und bei dieser Trennung kann der Mann oder die Frau auch mit der Zeit feststellen, ob der neue Mann oder die neue Frau wirklich die große neue Liebe ist oder auch nicht, es kann ja auch sein, dass man eine rosarote Brille trägt.

Ich kann nur jedem den Rat geben! Ehrlich miteinander zu sein, denn bei einer Trennung, sind immer zwei Personen daran beteiligt, und mann sollte sich auch die Frage stellen! Was habe ich als Mann oder Frau, in der Beziehung falsch gemacht, denn alles im Leben und der liebe haben einen Grund und einen Sinn.

Eheprobleme beginnen oft schleichend und werden mit der Zeit immer kritischer, manchmal bemerkt man es kaum, Schauen Sie doch mal nach ob ein oder mehrere Punkte in der folgenden Auflistung auf Ihre Situation zutreffen: Sie streiten sich häufig. Ein Ehepartner ist eifersüchtig auf den anderen, weil Sie sich beide zu wenig beachten und ehren. Eine

unheilvolle Routine hat sich eingeschlichen, weil sie kaum noch miteinander Reden, oder sich nichts mehr zu sagen haben.

Ein Ehepartner hatte oder hat einen Affäre, sprechen Sie darüber, und machen Sie Ihr oder Ihm keine Vorwürfe.

Es hat sich Sturheit, Gleichgültigkeit oder Verbitterung zwischen Ihnen aufgebaut, in diesem Fall sollten Sie sich wirklich beide Partner entgegenkommen.

Sie verbringen kaum noch Zeit miteinander oder denken keine Zeit füreinander haben zu müssen und sind dabei, sich auseinander zu leben.

Das wäre die erste Möglichkeit!

Die zweite wäre das Geheimnis!

Ich kenne sehr viele Ehen oder Beziehungen, die schon seit mehr als 20 Jahren bestehen, obwohl der Mann oder die Frau einen Freund oder eine Freundin haben, und seltsamerweise trotz allem sogenannt glücklich sind. Wie heißt es doch so schön, was ich nicht weiß, macht mich nicht heiß.

Alle sind sie sogenannt glücklich, Mama, Papa und Kinder.
Wer weiß schon so genau, wie viele Ehen und Partnerschaften in einer Ungewissheit leben, dass der Mann eine Freundin hat oder die Frau einen Freund.

Der Herr der Seele sagt:

Wenn man jung und verliebt ist, hat man das Glücksgefühl, sich niemals trennen zu müssen! Wobei die Familie, die Kinder und die Erlebnisse der Jahre eine große Rolle spielen.
Vielleicht auch der Verlust einer jahrelang aufgebauten Existenz.
Eine sogenannte Liebe, die von Muss und Zwang abhängig ist, ist keine freie und gefühlvolle Liebe mehr, machen wir uns selbst nichts vor und seien wir ehrlich zu uns selbst.
Jede Frau und jeder Mann hat das Anrecht auf eine wirklich große gefühlvolle Liebe! Das Anrecht geachtet, verehrt, geehrt, beachtet und geliebt zu werden.

Ohne Zwang, Muss und Druck das gleiche Anrecht haben auch ihre Kinder, denn sie sind die Gabe ihrer geliebten Frau.

All das sollte Ihre große Liebe wert sein und sollte es passieren, dass Sie in eine Beziehung durch Liebe hineinkommen, dann sind, wenn es wirklich die große Liebe ist, auch die dazugehörigen Kinder Ihre große Liebe.

Das Eheschiff sollte von klugen Händen geführt werden, damit es an allen Klippen heil vorüberziehen kann.

Nach 20 und 30 Jahren könnte es noch einmal in hohe Seenot geraten, wenn den alten Herrn nochmals seine Abenteuerlust überfällt.

Dies gilt für Mann und Frau, obwohl der Mann zu 65 % der größere Fremdgänger ist.

Das ist für die Frau keine schöne Situation und es verletzt ihre Gefühle sehr, es geht dem Mann nicht um die andere Frau, die viele Ehefrauen fürchten, sondern darum, sich selbst zu beweisen, dass in ihm immer noch ein Sammler und Jäger ist und dass er als Mann noch etwas gilt und der Zauber der jungen Jahre noch nicht so ganz beendet ist.

Lassen Sie ihn gewähren, zeige ihm deine Eifersucht nicht, nur den Hauch deiner Trauer sollst du ihn spüren lassen.

Er soll wissen, dass du ihm keine Szene und keinen Ärger machst, denn das wird er bei der anderen Frau nicht finden.

Sollte dies alles jedoch keinen Nutzen haben, empfehle ich, dass Sie sich einen Anwalt nehmen.

Die Jahre der Ehe verändern sich von selbst und der Glanz lässt nach, jedoch wenn Sie regelmäßig polieren, bleibt der Glanz der Liebe auch erhalten. Schön wäre es, so lange zusammenbleiben zu können, bis der Tod uns scheidet.

Dieses kann man zweierlei verstehen, der Tod kann plötzlich und unerwartet kommen, damit trennen sich jedoch nicht beide Partner gleichzeitig, es sei denn, es geschieht durch ein von außen

unvorhersehbares unvermeidbares Ereignis, der tödliche Unfall, und selbst dann werden sie sich in einem neuen Leben wiedersehen.
Wenn Sie Ihren Mann oder Ihre Frau so gut kennen, dass Sie ihm oder ihr alles sagen können und sich sicher sind, dass er oder sie dafür Verständnis haben, das Sie sich oder er sich neu verliebt haben. Dann seien Sie ehrlich zu sich selbst und zu Ihrem Partner und sagen Sie es.

Ist dies jedoch nicht der Fall, denn man kann auch nicht immer so, wie man es am liebsten möchte, dann behalten Sie es als Ihr Geheimnis.

Viele Geheimnisse sind dafür da, um es als Geheimnis zu bewahren, damit es auch ein Geheimnis bleiben kann. Ein Geheimnis, das unter Umständen richtig gut tun kann, um aus dem Alltag des Lebens flüchten zu können, um die Seele baumeln zu lassen, um geliebt und als Frau und Mann anerkannt zu werden, um geachtet, geehrt, gestreichelt und um gehört zu werden, wenn man irgendetwas zu sagen hat, einfach nur man selbst zu sein.

Besser als alles zu zerstören, besser als alle Gefühle zu verletzen, besser als alles aufzugeben, unter Umständen auch das eigene Leben. Wir alle haben Bedürfnisse, eine Sucht und einen Trieb, wer das Gegenteil behauptet, der belügt sich selbst.

Eine endgültige Entscheidung über Ihr Tun oder über Ihre Gefühle müssen Sie schon selbst finden! Nur eins sollten Sie wissen: Es kann eine Kombination zwischen der großen Liebe und der vorhandenen Existenz geben.

Wir sollten die Macht des Herrn und der Seele nicht unterschätzen, denn die wirkliche große Liebe verändert die Chemie in unserem Körper und wir können uns auch nicht dagegen wehren, dabei ist es so was von egal, wie lange Sie schon mit Ihrem Partner oder Partnerin zusammen sind oder was für eine Existenz Sie sich aufgebaut haben.

Dieser großen, unendlichen Liebe können Sie zu jeder Zeit begegnen, einer Liebe, die Sie mit Ihrem Verstand nicht ermessen können. Tatsache ist nur, dass Sie dann die Entscheidung treffen müssen, ob Sie es wollen oder auch nicht, es kann auf jeden zukommen und geschehen, denn wenn sich die Chemie der Seele verändert, geschehen gefühlsmäßige Reaktionen.

Den menschlichen Sexualtrieb schließe ich hier aus, ich schreibe hier über eine Liebe, die unabhängig von dem Trieb und dem Verstand ist. Der Sexualtrieb gehört mit Sicherheit dazu, ist jedoch in der großen Liebe nicht das Ziel, sondern nur eine Entdeckungsreise. Den Körper des anderen zu entdecken wird jedoch von unseren Gefühlen und vom Verstand gesteuert.

Extremer sexueller Trieb gehört zu einer kranken Seele und hat nichts mit einer großen Liebe zu tun. Wenn wir es begreifen und lernen damit umgehen zu können, werden wir auch verstehen, dass die Chemie in der Liebe sich durchaus verändern kann und dass es wirklich so ist, dass wir den Menschen, in den wir uns verlieben, aus einem Leben davor schon kennen, auch wenn es uns unbewusst ist.
Bitte bedenken Sie, dies soll keine Anleitung zum Fremdgehen sein, sondern nur eine Erklärung und Hilfe für den Fall, dass es Ihnen mal widerfährt.

Ich kann mir gut vorstellen, dass viele meiner Leser jetzt sagen werden „Was schreibt denn der Mann da?".Ich weiß, dass es nicht immer einfach ist, gewisse Dinge und Ereignisse zu verstehen. Jedoch weiß ich auch, dass alles im Leben einen Sinn und eine Ordnung hat und dass man manche Dinge teilweise besser versteht, indem man darüber spricht oder schreibt oder sie liest.

Ich erwarte auch kein Verständnis von den Jungverliebten unter euch! Ich bin auch schon mal unendlich verliebt, sich jedoch trennen zu müssen, ist für mich unvorstellbar gewesen.

Ich wünsche den frisch Verliebten unter euch von ganzem Herzen, dass ihr für immer zusammenbleibt, bis ans Ende aller Tage.
Und nun neigt sich dieses Buch dem Ende zu! Ich bin in der guten Hoffnung, dass sehr viele Menschen dieses Buch lesen werden und dass auch viele Menschen aus diesem Buch lernen können, wobei: Das weiß ich selbst am besten, es ist nicht immer so einfach, alles im

Leben zu verstehen. Oft stellt man sich auch die Frage: Was hat das Leben für einen Sinn? Eins kann ich wohl dazu sagen, jedes Ereignis im Leben eines Menschen hat einen Sinn und eine Ordnung und einen Grund.
Bitte nehmen Sie sich dieses Buch zu Herzen und Sie werden sehen und erleben, dass es wirklich den Herrn der Seele gibt und dass auch die böse Göttin in uns lebt.

Seien Sie sich auch darüber bewusst, dass jeder Mensch, der geboren wird, eine Aufgabe zu erfüllen hat, denn ohne Grund sind Sie nicht auf dieser wundervollen Welt. Die Welt ist wundervoll und gibt uns viele Gaben, die kein Geld kosten.

Wir Menschen sind es, die diese Welt erhalten sollten, es ist unsere Aufgabe, Gutes zu tun und positiv zu handeln und zu denken.
Eins sollten wir uns zu Herzen nehmen: der Glaube ist eine Gefühlsfreiheit, jeder Mensch auf Erden, entscheidet gefühlmäßig selbst, woran und an wem er glaubt.

Es darf nie wegen eines Glaubens gehasst oder getötet werden, dieses ist das höchste gebot des Schöpfers.

Jedoch! Sollten wir Menschen einen Weltglauben haben und verkünden, ein Glaube der für alle Menschen, der richtige ist.

Der Herr der Seele sagt!

Nur der Echte und Wahre glaube, wird sich am Ende durchsetzten.

Meines Erachtens ist Muhammad der Gesandte des Erden-Schöpfers, selbst in der heutigen Zeit, ist die Verbreitung seiner Religion, die großartigste auf Erden. Sein Glaube ist ein echter glaube, seine Ehrlichkeit, seine Gnädigkeit, Frommheit und der Glaube aus seinem Herzen und der Seele Zeigen einen Gesandten, der wirklich nur vom Schöpfer kommen kann, auch wenn ich ein Katholik bin, bin ich gefühlsmäßig von meinem glauben nicht überzeugt.

Danke, dass Sie sich die Zeit genommen haben, dieses Buch zu lesen. Ich wünsche allen Mitmenschen auf Erden alles Gute, viel Gesundheit Und! Dass wir alle zum Richtgen glaube gelangen werden, ohne das man Hass empfindet und Kriege führen muss.

Die Glaubensfrage!

Sie haben jetzt sehr viel in diesem kleines Buch gelesen und erfahren. Sie Wissen jetzt! Was wir sind, dass es eine Seele gibt, und wie wichtig es ist mit Menschen umzugehen.
Eins bleibt jedoch immer noch unbeantwortet! Wer hat uns geschaffen? Es gibt so einige Religionen: Und fasst alle gleichen sich. Jedoch sollten wir uns Folgendes vor Augen halten.
Wenn man von der Erschaffung der Menschen ausgeht, so ist die Religion des „Korans" und des „Islams" die wohl am deutlichsten zu verstehende Erschaffung Religion.
Die Wissenschaftler, haben mittlerweile herausgefunden dass alles, was auf der Welt existiert auch voll Leben ist, sei es der Stein, das Wasser oder auch nur der Sand.

Nach der Religion des Islams und des Qurans, soll das menschliche Embryo aus einer Substanz aus Lehm geschaffen wurden sein: Dieses ist wohl die am Besten zu verstehende Erschaffungsfrage. Wenn man davon ausgeht, das die Wissenschaftler erst um 1990 festgestellt

haben, das alles auf der Welt! Außer der Mensch, das Tier und die Pflanze aus einer Lebenskultur besteht, woher wusste die Religion des Qurans das schon vor 1400 Jahren .Woher wusste Muhammad vom der Lebenskultur in diesem Lehmklumpen.
Also bleibt doch nur die Antwort! Dass der Gesandte Muhammad dieses Wissen vom Schöpfer der Menschen hat.

In unsere Bibel finden wir die Ankündigung von Moses auf das Erscheinen von Muhammad.

Aus der Ankündigung im 5 Buch Moses 18, gibt Moses wieder, was Gott ihm sagte:

„Ich will ihnen einen Propheten, wie du es bist erwecken aus ihren Brüdern, und meine Worte in seinem Mund geben.

Es gab keine anderen ähnlichen Propheten wie Moses und Muhammad, Muhammad wusste die Worte des Schöpfers.

Wenn wir uns Folgendes vor Augen halten, kann es nicht sein, das unsere Erde so alt ist, wie die Wissenschaftler das behaupten.
Es kann nicht sein, das die Erde Milliarden Jahre alt sein soll, wenn wir bedenken! Dass es an einen einzigen Tag soviel Regnen kann, dass die Erde über schwämmt wird, und das das Eis am Nordpol an nur einen Tag schmelzen kann, ist es doch wahrscheinlicher, das die Erde nur c, a 100.000 Jahre alt ist. Es gibt nur eine menschliche Zeitrechnung, keine Natürliche, eine Versteinigung kann je nach Bodenbeschaffung, Sauerstoffgehalt, Mineralien und
Witterungsverhältnissen ein Tier innerhalb von nur 200 Jahren versteinigen.

Haben die Wissenschaftler je ein Mensch gefunden, der älter als 15.000 Jahre ist. Wer errechnet diese Zeit, und nach welchen Kriterien möchte man das behaupten?

Warum entdeckten die Wissenschaftler erst 1990, dass alles was auf der Erde existiert mit Lebenskulturen beschaffen ist, und warum wussten das unsere Vorfahren schon vor über 2000 Jahren: obwohl diese keine Technischen Geräte hatten, um danach zu forschen!

Sicherlich! Haben wir Menschen eine Entwicklungszeit vollzogen, das gehört mit zu Schöpfung, und unser Schöpfer erschuf den Menschen, nach seinem Ebenbild.

In der Schöpfung der Menschen , ist auch schon vor 2000 Jahre deutlich erwähnt worden , das es ein Leben nach dem Tot gibt , für die Menschen die Gläubig sind , und an diesem Glauben festhalten und danach Leben .

Es wird der Tag des Gerichts des Schöpfers kommen:

(Diejenigen aber, die glauben und gute Werke tun, werden die Bewohner des Paradieses sein. Darin werden sie ewig bleiben.)
(Quran , 2:82)

Ich möchte mit dem, was hier geschrieben steht, die Menschen zum Nachdenken bringen: jedoch bin ich nicht allwissend, das ist nur unser Schöpfer, doch wir sollten auch nach unseren Glauben leben, und die richtige Weltreligion annehmen.

Eins ist auf jedenfalls eine unwiderrufliche Tatsache, wir sind geschaffen wurden, von einer sehr hohen und für uns Menschen eine un-an-tastbare intelligente Persönlichkeit, von dem, den wir unseren Gott nennen. Auch muss es nicht unbedingt sein, das wir auf unseren Planeten geschaffen wurden, sind, sondern von unseren Schöpfer auf diesem Planeten in chemischer Form abgelegt wurden, eine Substanz aus erd Lehm, damit wir uns ein Paradies schaffen sollen.

Dieses ist wohl die am Besten zu verstehende Erschaffungsfrage, wer ein wenig Wahrscheinlichkeitsrechnung kann, wäre genau meiner

Meinung, und das der Glaube des Islams und des Qurans, der richtige ist. Aber ich will hier keinen einen Glauben aufzwingen bei so einem heiklen Thema, scheitern immer in irgendeiner Form die Geister.

Es mag sein das dieses Geschriebene hier von einigen Menschen kritisiert wird, bitte beweisen Sie mir das Gegenteil.

Etwas über meine Person

Ich heiße Bernhard Offermanns und wurde am 30.11.1958 in Aachen, NRW, Deutschland geboren.
Ich komme aus einer 14-köpfigen Arbeiterfamilie, 1970 verlor ich meinen geliebten Bruder Gerhard, der durch eine Gehirnhautentzündung starb, mein Bruder Leo musste bedauerlicherweise in ein Heim für Lebenshilfe, nach einem Schlaganfall erholte er sich leider nicht so ganz und hat von daher motorische Probleme.
In einem Obdachlosenwohngebiet bin ich mit meinen Geschwistern groß geworden und habe auch von daher gelernt mich auf meine Art durch zu setzen. Auch die Armut hat ihren Reiz und die Schulbildung ließ leider zu wünschen übrig.
Meine Mutter starb 62-jährig an Herzversagen. Mein Vater konnte auf ein längeres Leben zurückschauen, er starb voriges Jahr mit 87 Jahren.

Doch durch all diese Lebensereignisse wird man auch ein besserer Mensch. Was bleibt, ist die Erinnerung und die Gewissheit, diesen Menschen wieder zu begegnen.
Für mich sind dies jedoch Erlebnisse, die ich als Normalität einstufe, wir alle haben unsere kleinen Probleme, die einfach mit zum Leben gehören.
Seit 1980 bin ich mit meiner Frau Margret verheiratet, wir haben 4 Kinder, ein Mädchen und 3 Jungs, und mittlerweile auch zwei Enkelkinder, Cayenne und Lena an denen wir uns jeden Tag erfreuen.

Das fünfte Kind verlor meine Frau während der Schwangerschaft.
Ich befasse mich seit 1991 mit den Themen Menschen führen und begeistern und das Leben nach dem Tode.
Es gibt in meinem Leben Ereignisse, die mich dazu bewegten, über diese Dinge zu schreiben.
Ich weiß nicht mehr und sehe auch nicht mehr als andere Menschen, jedoch fühle und empfinde ich anders.

Wenn ich schreibe, bin ich nicht der Mensch wie meine Privaten Freunde mich kennen, sondern eine völlig andere Persönlichkeit, mit neuen Gedanken und andere Gefühle.

Im Jahre 2002 schrieb ich mein kleines Buch „Spielregeln des Lebens oder die Reise aus dem Ich".6 Jahre später, nachdem ich vergeblich nach einem Verlag suchte und mittlerweile schon mehr als 30 Absagen hatte, konnte ich dieses Buch über Books on Demand veröffentlichen.
Es ist überall im Internet zu finden oder überall, wo es Bücher gibt.
Ich lese und schreibe gerne und habe in den 50 Jahren meines Lebens so einiges erlebt und vielleicht schreibe ich ja mal ein Buch darüber.
Als Kind lies ich mich von Mark Twain inspirieren, „Tom Sawyer „ dieses Buch hab ich mehr als nur einmal gelesen.
Ansonsten bin ich ein Mensch wie du und ich, habe Gott sei Dank schon 30 Arbeitsjahre und hoffe auf eine Rente, bin auch eine Zeit lang von Hartz 4 abhängig gewesen, na ja!
Alles kann nur besser werden! Habe mich wirklich sehr darüber gefreut, dass ich dieses Buch über das LuLu.com veröffentlichen konnte, möchte auch hier dem Verlag meinen herzlichsten Dank sagen.

Widmung

Dieses kleine Buch widme ich meiner geliebten Frau Margret und unseren vier Kindern Thomas, Sascha, Stephanie und David, unsere Enkelkinder Cheyenne, Lena. All meinen Lesern! Sowie allen Mitmenschen auf dieser Welt! Ich wünsche Ihnen und allen anderen Menschen Gesundheit, Liebe und Anerkennung.

Der Autor , Bernhard Offermanns

Es ist den Autor des Buches sehr wichtig! Dass dieses Buch sehr aufmerksam gelesen wird, und es sind deshalb kleine Schreibfehler mit eingearbeitet worden. Bitte finden Sie die kleinen Fehler und notieren Sie diese Bitte auf der nächsten leeren Seite.

Wir suchen Autoren

Viele Autoren wünschen sich ihr eigenes Buch – doch dieser Wunsch wird oft von vielen Verlagen oder Lektoren nicht geteilt. Diese lehnen viele Bücher ab – mit ausgewählten Worten oder mit einem vorgedruckten Standardbrief.
Wir hingegen suchen Autoren, die bereit sind, ihre Ideen, Erfahrungen oder ihre Geschichten in ein Buch „zu packen".
Wir suchen im Gegensatz zu vielen anderen Verlagen Autoren, die ihre Bücher veröffentlichen wollen. Unser Programm bietet zurzeit Gedichte, Romane, Fantasy-Romane, Kriminalromane, Tiergeschichten, Kinderbücher, Jugendbücher und Sachbücher an .
Der Wunsch vom eigenen Buch kann erfüllt werden.
Wenn Sie uns Ihr Manuskript schicken, werden wir dieses innerhalb von 14 Werktagen lesen und prüfen. Von uns

Bernhard Offermanns

Warum wir uns verlieben!
Oder wo die Liebe hinfällt

Ein Ratgeber für Eheleute und verliebte

Original Titel des Buches (Why do we fall in love !)

Taschenbuchausgabe Juni 2010
Deutsche Erstausgabe - Veröffentlicht über LuLu.de – Vertrieb durch LuLu.de

Dieses Buch wurde digital nach dem neuen „book on demand" Verfahren gedruckt.
Für den Inhalt und die Rechte ist der Autor verantwortlich.
Für die Bücher in der deutschen Sprache

Copyright © 2009 By Bernhard Offermanns .
Printed in Germanie .

1 Auflage 2010 Alle Rechte vorbehalten .
Gedruckt auf umweltfreundlichem, chlor- und säurefrei gebleichtem Papier

Inhalt

Vorwort   91

Hallo Du   92

Warum wir liebe empfinden.   94

Der Mann und die Frau   96

Liebe und Gefühle   99

Etwas über meine große Liebe   109

Engel und Stern   112

Sie haben Post!   122

Zum Abschluss   130

Vorwort

Dieses Buch soll allen Menschen helfen die verliebt sind oder sich in Zukunft verlieben werden.
Über die liebe hat man schon viel geschrieben, und wenn alle Worte über die liebe einen Sinn haben sollten, ist dieses Buch für all die Menschen gedacht! Die an der großen Liebe glauben, und diese auch empfinden, und durch Ihre Gefühle wissen, dass es auch wirklich noch die große liebe auf Erden gibt.

Die Faszination, der liebe liegt im Herzen und der Seele, Sie kommt nicht über die Worte aus dem Mund.
Es ist das Gefühl, das deine Augen leuchten lässt, wie zwei Sterne und doch noch viel schöner sind als Diamanten. Es macht deine Augen schön und wundervoll, einfach faszinierend! So faszinierend wie deine verliebte Seele selbst.

Ich möchte jetzt ein kurzes Gedicht hier schreiben, es ist zwar kurz und sehr bescheiden, jedoch soll es ein Teil der liebe beschreiben.

(Wenn in der Nacht die Rosen weinen, und andere Blumen den Trauer tragen, und der Tau des Morgens bricht, wenn dein Herz nach liebe spricht, und dein Herz voll Sehnsucht ist, höre ich Dich! Ich höre die Melodie deines Herzens, und weiß das Es die liebe ist, dann werde ich in deinem Traum erscheinen und dir sagen, ich liebe dich!)

Hallo Du!

Wusstest du, dass es in deinem Leben einen Mann gibt, der dich über alles auf dieser Welt liebt? Einen Mann, der für dich da sein möchte, wann immer du es dir von ganzem Herzen wünschst.

Jemand, der alles für dich tun würde, jemand, der für dich da ist, wenn du ihn brauchst, jemand, der dir zuhört, wenn du irgendetwas zu sagen hast. Ein Mann, der dich tröstet, wenn du traurig bist und nicht mehr weißt, was richtig für dich ist. Jemand, der dir neue Kraft gibt, wenn deine Kräfte mal am Ende sind, jemand, der tief in deine Augen schauen kann, und durch deine Augen schaut er in deine Seele und er hört die Stimme deines Herzens, die nach Liebe und Anerkennung spricht.

Er ist derjenige, der deine Augen leuchten lässt, wie zwei Sterne und doch noch viel schöner sind als Diamanten. Er findet deine Augen schön und wundervoll, einfach faszinierend! So faszinierend wie deine Seele selbst.

Er weiß, dass deine inneren Gefühle sich nach außen durch deine Augen spiegeln. Er ist derjenige, der dich auf Händen tragen möchte, jemand, der dich beschützt, er kann dir in deine Augen schauen und dir sagen: „Ich liebe dich."

Für ihn bist du die schönste Frau auf Erden und eine unbeschreiblich wundervolle Frau, du bist sein Leben, sein Model, seine Sexbombe, seine Traumfrau. Du bist für ihn das Größte, du bist die Nummer eins du bist seine Königin, seine Göttin.

Er achtet und er ehrt dich und du leuchtest ihm den Weg, denn du bist sein Stern, der Stern, der so wunderschön leuchtet.

Er wird bei dir sein bis ans Ende aller menschlichen Tage, das sagen ihm seine inneren Gefühle.

Höre auf die Gefühle und auf die Melodie deines Herzens. Es gibt auch für dich und für alle anderen Frauen auf dieser Welt diesen Mann! So will es Gott haben.
Denn dieser Mann liebt dich über alles auf Erden.

Ich bitte Sie von ganzem Herzen, dieses Buch weiter zu lesen, es wird Ihnen die Gefühle der liebe, der Emotionen, und ihr Herz beschreiben. Sie werden auch erfahren warum und weshalb wir uns verlieben, und das es auch wirklich die Große liebe auf dieser Erde gibt.
Eine Liebe, die so groß sein kann, dass man Sie nicht mit dem Verstand ermäßen kann.

Bernhard Offermanns

Warum wir liebe empfinden.

In allererster Linie empfinden und fühlen wir die liebe, weil wir Menschen sind! Menschen mit Leib Herz und Seele. Menschen! Und das sollte uns bewusst sein, die durch bioelektrische, chemische und physikalische Energien denken fühlen und leben.
Wir Menschen äußern uns durch das Nervensystem, Gefühle, Körpersprache, Rhetorik, Emotionen, Mimik und vor allem durch unsere Sprache, der liebe und der chemischen Seele.
Sie werden erfahren, dass wir Menschen eine eigene Aura besitzen! Eine Aura aus chemischer Energie, die unseren Körper aus astralartigem Nebel umgibt, und dass wir alle unsere Gefühle äußern und zeigen können und sollten.

Jeder Mensch auf Erden hat sein eigenes Sexipeal, seinen eigenen Reiz und die Magie der Verführung.
Unser Denken ist das Sein! Denken ist Wirken, so wie wir denken, so leben und fühlen wir.
Das Wachbewusstsein denkt und das Unterbewusstsein lenkt und lässt unseren Körper danach handeln.

Anzuerkennen, dass unsere Gedanken aus Energie bestehen, ist der erste Schritt, zu verstehen, dass der Geist existent ist und die liebe eine Realität darstellt. Alles Sichtbare ist Energie, besteht aus Materie, ist fühlbar verführerisch und anfassbar.
Der seelische Geist, dessen Motorik der Gedanke ist, bildet die Energie und den Mechanismus im Einklang mit dem bioelektrisch-chemischen Körper. Das Denken, das von Überzeugung Glaube und liebe getragen wird, erzeugt die Energie, die sichtbar ist, die Wirkung, Realität und Funktionalität darstellt.

Seien wir vorsichtig mit unseren Gedanken, die so eine unendliche Macht haben, alles im Leben zu verändern, auch die chemische Reaktion in unserem Körper. Es ist eine absolute Realität, dass Gedanken elektromagnetische Schwingungen (Wellen) sind, die durch Raum und Zeit wandern. Die Gedanken sind eine physikalische subatomare funktionierende Einheit.

Als Mensch sind wir ideal! Wir haben alles, was wir brauchen! Einen funktionierenden Körper mit Organen und eine sich veränderbare Chemie. Jeder von uns ist einzigartig! Jeder von uns hat seine eigene Aura, seine eigene Persönlichkeit, seine eigene Magie und eine eigene einzigartige liebe. Und jeder von uns ob Mann oder Frau, kann es passieren! Dass wir uns unsterblich verlieben.

Dass aller Wichtigste ist: Wir sind Menschen! Und das unterscheidet uns vom Tier, obwohl der Mensch selbst von Natur aus unter Extrembedingungen zum Tier werden kann, und es auch schon mal vorkommt! Das Männer und Frauen sich durch einen tierischen Trieb Verleiten lassen.

Alle die sich von der Göttin oder dem Gott, der triebe führen lassen, werden später feststellen müssen, dass sie geführt und verführt wurden, und die wirklich große liebe nie kennen lernen werden.

Der Mann und die Frau

Warum ein Thema über den Mann und die Frau! Nun ich möchte es mal so sagen: Wenn man ein Buch über die Liebe schreibt, gehört in erster Linie ein Mann und eine Frau dazu.
Wir leben in einer sehr modernen und gefühlsfreien Umwelt, sodass es auch eine Liebe zwischen Mann und Mann oder Frau und Frau geben kann. Eins sollte uns jedoch bewusst sein, unser Schöpfer schuf Mann und Frau für die Liebe und der Fortpflanzung, um unser schöpferisches Ebenbild zu gebären. Ein Mann, der eine Frau sein möchte, ist eine erfolglose Frau, und eine Frau, die ein Mann sein möchte, ist ein erfolgloser Mann. Versuchen Sie was sie auch wollen, es gibt in der Schöpfung keinen Irrtum, es gibt jedoch den Irrtum im Denken und fühlen der Menschen.

Die Fragen auf diese Irrtümer werden sich beim Weiterlesen des Buches von selbst beantworten. Wir sollten auch wissen, dass, wenn man sich verliebt, man immer diese Frau oder den Mann schon aus einem anderen Leben kennt oder kannte, hiermit meine ich eine Vorzeit aus unserem Leben, die schon vor Jahrhunderten stattgefunden haben muss. Das heißt! Das die Gefühle der liebe sich durch eine Chemische gewollte schöpferische Evolution mit den Jahrhunderten entwickelt haben. Unsere Gefühle und Gedanken befinden sich noch in einer gewollten Entwicklungstuffe, unser Schöpfer gab uns eine 100-prozentige Intelligenz sowie 100 Prozent chemische und seelische Gefühle, und nur 20 Prozent der Intelligenz nutzen wir schon heute, jedoch mehr als 70 Prozent der Gefühle, irgendwie! Hinken wir Menschen der Intelligenz hinterher, denken wir! Doch so soll es auch laut Schöpfung sein, denn unser Schöpfer möchte, dass sich die liebe, zwischen den Menschen auf Erden verteilt, und man muss schon sagen und zugeben dass unserem Schöpfer keinem Irrtum unterlaufen ist.

Die Intelligenz der Menschen soll sich laut Schöpfung entwickeln, und unsere chemisch seelischen Gefühle sollten von Anfang der Schöpfung zu 70 Prozent da sein. Wenn wir davon ausgehen, dass wir zurzeit 6,5 Milliarden Menschen auf dieser Welt sind, ist hier ein Irrtum ausgeschlossen. Denn von diesen 6,5 Milliarden Menschen gibt es nur 15 % Menschen, die auf Habgier, Mord, und Kriege hinaus sind, dies bestätigt auch! Dass die Guten und lieben Menschen zu 85 % diese Welt erobert haben, so wie der Schöpfer es von Anfang an gewollt hat.

Natürlich ist es für die 85 % normalem und mitempfindendem Menschen nicht verständlich, wie 15 % der Menschheit den anderen Mitmenschen das Leid auf dieser Welt bringen, diese Menschen haben nur negativ gelernt zu denken und zu handeln, Sie sind sich ihre gemischten Gefühlen nicht sicher, lassen sich selbst unterdrücken und treffen gefühlslose Entscheidungen. Ich bin auch der Meinung diese Menschen haben kein Mitleid. Ihnen ist menschliches Leben total egal.

Ich sehe diese 15 % der Menschen als nicht normal und krank sie sind vom Teufel besäßen. Wirkliche Menschen sind einfühlsam und helfen einander. All diejenigen, die wenig Mitleid für ihren Mitmenschen haben, besitzen für mich irgendwie weniger als nur 5 % Intelligenz.

Sie sind nicht so wie die 85 % gute, liebende und gefühlsvollen Menschen! Sie sind andere Menschen, auch
wenn sie genau so äußerlich aussehen.

Die offizielle Bestätigung ist eine außerirdischer Intelligenz das ist ein Thema, an das die meisten erst glauben, wenn sie es mit
ihren eigenen Augen gesehen haben.

Jedoch wurde auch hier von politischer Seite alles verschwiegen außerirdisches Leben öffentlich zu bestätigen. Vor allem würde es die Religionen auf dieser Welt zu schaffen machen.

Man ist halt immer noch der Meinung, es würde nur Panik in der Weltbevölkerung auslösen, und damit würde die Elite ihre Macht verlieren, denn diese 15 % von schlechten Menschen hätten im Chaos keine Kontrolle mehr über Ihren mörderischen Reichtum.

Wenn Sie mich fragen, ob es außerirdisches Leben gibt, dann will ich diese Frage hier mit Ja! Beantworten es gibt Hunderttausende von Menschen, die welche gesehen haben sollen.

Eins ist auf jedenfalls eine unwiderrufliche Tatsache, wir sind geschaffen wurden, von einer sehr hohen und für uns Menschen eine untastbare intelligente Persönlichkeit, von dem, den wir unseren Gott nennen. Auch muss es nicht unbedingt sein, das wir auf unseren Planeten geschaffen wurden, sind, sondern von unseren Schöpfer auf diesem Planeten in chemischer Form abgelegt wurden, damit wir uns ein Paradies schaffen sollen. Wer ein wenig Wahrscheinlichkeitsrechnung kann, wäre genau meiner Meinung, denn es kann nach der Wahrscheinlichkeitsrechnung nicht nur die Erde auf der wir Leben mit Menschen bevölkert sein.

Aber ich will hier keinen einen Glauben aufzwingen bei so einem heiklen Thema, scheitern immer in irgendeiner Form die Geister.

Liebe und Gefühle

Das Thema liebe und Gefühle möchte ich hier jetzt mal kurz erwähnen, damit Sie der Leser und ich daraus lernen können.

Wir Männer und wir Frauen haben heute noch mit Gefühls Veränderungen zu tun, die uns sehr verletzen können! Und

Nicht jeder kommt mit solchen Gefühls Veränderungen klar! Jedoch diese Gefühle können doch sehr extrem sein und unsere Seele verletzen.

Um das alles ein wenig zu reduzieren oder es besser zu verstehen, warum das so ist, möchte ich hier das Thema Mann, Frau, Liebe und Ehe kurz erwähnen.

Kommen wir mal zum Mann

Im Urinstinkt des Mannes, und das ist auch heute noch so, lebt ein Jäger und Sammler.
Dieses Ur- vor -leben des Mannes ist heute noch im Unterbewusstsein des Mannes gespeichert.
Vor ca.10.000 Jahren ging der Mann auf die Jagd! Er jagte das Tier, sammelte Gegenstände und Frauen.
Dies ist beim Mann auch heute noch so, bei dem einen mehr und bei dem anderen etwas weniger, mit dem kleinen Unterschied, dass es heute auf moderne Art vollzogen wird.

In allererster Linie hat der Mann das Bedürfnis, eine Frau besitzen zu müssen. Dieses tut er jedoch unbewusst, jedoch das gute Gefühl zu haben, etwas Eigenes zu besitzen, lässt seinen Körper danach handeln. Ein Mann hat auch heute noch das Gefühl, eine Frau beschützen zu müssen - das ist auch eine gute Eigenschaft des Mannes - gegen andere Männer, Tiere und Gefahren, obwohl die Tiere heute meist nur noch Haustiere sind. Die anderen Männer haben ja auch das Bedürfnis, eine andere Frau zu entdecken, das weiß der Mann ja zu gut, denn wir sind halt Männer (Sammler und Jäger).
Der Mann will schon zeigen, wo es langgeht, und bestimmt meistens die Fährte.

Er glaubt auch heute noch, dass die Frau das schwache Geschlecht ist. Mag in gewisser Hinsicht ja stimmen, hat sich jedoch in 10.000 Jahren bei der Frau geändert! Eine Frau möchte erobert werden und nicht gejagt.

Auch die Eifersucht ist bei uns Männern ausgeprägter als bei den Frauen, wir Männer ertappen uns auch heute noch dabei, eifersüchtig zu sein, wenn unsere Frau oder Freundin mit einem anderen Mann tanzt, redet und lacht.

Hallo ihr Männer! Hier heißt die Antwort vertrauen! Wir sollten schon lernen kleine Unterschiede zu erkennen.

Wenn der Mann eine wundervolle schöne Frau hat, obwohl die Schönheit im Auge des Betrachters liegt, ist es doch ganz normal, dass andere Männer auch gerne mit so einer Frau mal tanzen wollen. Für den Mann, der diese wundervolle Frau als Freundin oder Ehefrau hat, muss es doch ein superschönes Gefühl sein, auf diese Frau stolz zu sein.

Alle Männer beneiden Sie um diese wundervolle Frau, und wenn Sie doch wissen, dass diese Frau Sie liebt, was sollte denn schon passieren? Schenken Sie ihr das Vertrauen, dass diese Frau verdient hat. Das gilt auch unter Umständen für einen so genannten schönen Mann. Eins sollten wir uns jedoch vor Augen halten, in der wirklich Großen liebe, ist das Aussehen eines Menschen nicht die entscheidende Frage! Sondern die Gefühle zueinander zu empfinden.

Was nützt es einer Frau oder einem Mann einen schönen gut aussehenden Partner, Prinz, oder Prinzessin haben zu wollen, wenn die Chemie und die Gefühle füreinander nicht stimmen.
Es sei dann! Der Trieb und die finanzielle Absicherung ist wichtiger als die wirklich große liebe, dann ist dies Ihre Persönliche

Entscheidung, eins kann ich Ihnen auf jedem Fall garantieren! Das glücklich sein, werden Sie vergebens suchen

Wenn der Mann eine Frau hat, die er über alles liebt und die Frau ihn, dann ist die Harmonie einer Liebe immer das Vertrauen.
Eifersucht kann schön und gut sein, solange sie nicht zu einer ständigen Sucht wird, denn dann können Sie auch eine noch so große Liebe verletzen und zerstören, seien Sie sich dessen bewusst, das gilt für den Mann und auch für die Frau. Obwohl es beim Mann 65 % sind und bei der Frau nur 35 %.Wobei die Frau hiermit im Nachteil ist, weil Sie es mit 65 % Jäger und Sammler zu tun hat.

Also! Wir Männer! Das heißt, wir haben es mit 65% gute und ehrliche Frauen zu tun.
Am deutlichsten von Jagd und Besitz kann man das bei Männern feststellen, die in der Öffentlichkeit leben, Stars, Politiker oder große so genannte Persönlichkeiten.

Hier kommt sehr oft der Trieb nach Sammeln und Jagd zum Vorschein, wobei das Geld hier auch eine teuflische Rolle spielt, leider!
Das kurze Besitzen und das Erobern und die Jagd einer Frau soll beweisen: Ich bin ein begehrter Jäger! Hierbei werden jedoch leider so manche Gefühle der ehrlichen Frauen und Männer verletzt. Kommen wir mal, so weit ich es so schreiben, kann, zu den so genannten Normalitäten.
Wenn Sie sich verlieben, geschieht dies aus zwei Gründen. Erstens: Es stimmt die Chemie zwischen Mann und Frau! Und zweitens: Sie kennen den Mann oder die Frau aus einem Leben davor.
Das Aussehen spielt hier nur eine Nebenrolle oder auch nur einen Effekt.

Hier entscheiden das Herz und die Seele, die Ehrlichkeit, die Offenheit, das für einander da Sein, die Zärtlichkeit, das Vertrauen, den anderen zu verstehen, ihn oder sie auf Händen zu tragen, demjenigen Tief in die Augen schauen zu können, fröhlich zu sein, lachen und tanzen, zu helfen, wenn einmal die Kraft verloren geht, und, und, und.
Sie verlieben sich in eine Seele, deren Gefühle nicht mit dem Verstand zu ermessen sind.

Auch kann es Ihnen widerfahren, dass es nicht nur die liebe auf dem ersten Blick gibt! Sondern auch das sich eine wirklich Große liebe zwischen zwei Partner erst nach Jahren entwickeln kann.

Es gibt viele Ehen und Liebesgeschichten oder Beziehungen, wobei es doch hin und wieder mal geschehen kann, dass die kleinen Alltagsprobleme des Lebens so einiges verändern können oder der Grund sind, sich nicht mehr zu verstehen oder füreinander da zu sein. Man könnte jetzt eine ellenlange Liste anführen, jedoch würde das

Wohl hier den Rahmen des Buches sprengen, vielleicht bin ich ja auch nur ein nicht so großer Schreiber.

Ich kenne persönlich sehr viele Ehen und Beziehungen, wo der Mann oder die Frau einen Freund oder Freundin haben.
Es geschieht schon mal, dass man sich mehr als einmal verliebt und dass es wirklich die große Liebe mehr als einmal gibt. Hierbei sollte man jedoch einiges bedenken, sich neu zu verlieben in einem anderen Mann oder Frau, während sie sich schon in einer Beziehung befinden, bedeutet auch! Dass etwas in Ihrer jetzigen Beziehung nicht stimmt.

Warum ihre Große liebe sich mit dem Jahren verändert hat, kann viele gründe haben, z.b nur der erste Freund in Ihrem Leben wurde ihr Ehemann, diese Eheschließungen funktionieren leider nur zu 10 %, du sollst nicht Ehe brechen, doch wenn es keine Ehe und keine liebe mehr ist, sollst du sie sehr wohl brechen, bevor Sie oder Er daran zerbrechen.
Entweder ist man ehrlich und sagt es dem Partner, was die beste Möglichkeit sein könnte, oder man behält es, als ein Geheimnis, das Letztere wäre unter Umständen die bessere Alternative, wie gesagt unter Umständen.

Nicht jede Frau oder jeder Mann gibt seine so genannte bessere Hälfte kampflos auf.

Der Gedanke allein, seine Familie durch eine andere Frau oder einen anderen Mann zu verlieren, bringt uns zum Wahnsinn! Obwohl im Grunde genommen verliert man seine Familie ja gar nicht, da sind ja noch - falls vorhanden - die Kinder, die man über alles auf dieser Welt liebt und für die man auch in Zukunft da sein sollte, denn unsere Kinder sind unsere Zukunft.

Jedoch sollten wir uns auch darüber bewusst sein, dass, wenn die Gefühle füreinander nicht mehr da sind, eine diplomatische Trennung die bessere Alternative ist.

Und bei dieser Trennung kann der Mann oder die Frau auch mit der Zeit feststellen, ob der neue Mann oder die neue Frau wirklich die große neue Liebe ist oder auch nicht, es kann ja auch sein, dass man eine rosarote Brille trägt.

Ich kann nur jedem den Rat geben! Ehrlich miteinander zu sein, denn bei einer Trennung, sind immer zwei Personen daran beteiligt, und man sollte sich auch die Frage stellen! Was habe ich als Mann oder Frau, in der Beziehung falsch gemacht, denn alles im Leben und der liebe haben einen Grund und einen Sinn.

Eheprobleme beginnen oft schleichend und werden mit der Zeit immer kritischer, manchmal bemerkt man es kaum, Schauen Sie doch mal nach ob ein oder mehrere Punkte in der folgenden Auflistung auf Ihre Situation zutreffen:

Sie streiten sich häufig. Ein Ehepartner ist eifersüchtig auf den anderen, weil Sie sich beide zu wenig beachten und ehren. Eine unheilvolle Routine hat sich eingeschlichen, weil sie kaum noch miteinander Reden, oder sich nichts mehr zu sagen haben.

Ein Ehepartner hatte oder hat einen Affäre, sprechen Sie darüber, und machen Sie Ihr oder Ihm keine Vorwürfe.

Es hat sich Sturheit, Gleichgültigkeit oder Verbitterung zwischen Ihnen aufgebaut, in diesem Fall sollten Sie sich wirklich beide Partner entgegenkommen.

Sie verbringen kaum noch Zeit miteinander oder denken keine Zeit füreinander haben zu müssen und sind dabei, sich auseinander zu leben.

Das wäre die erste Möglichkeit!

Die Zweite wäre das Geheimnis!

Ich kenne sehr viele Ehen oder Beziehungen, die schon seit mehr als 30 Jahren bestehen, obwohl der Mann oder die Frau einen Freund oder eine Freundin haben, und seltsamerweise trotz allem so genannt glücklich sind. Wie heißt es doch so schön, was ich nicht weiß, macht mich nicht heiß.
Alle sind sie so genannt glücklich, Mama, Papa und Kinder.
Wer weiß schon so genau, wie viele Ehen und Partnerschaften in einer Ungewissheit leben, dass der Mann eine Freundin hat oder die Frau einen Freund.
Einige Eheleute trennen sich schon sehr schnell, oft auch schon im ersten Jahr oder nach 3 – 5 – 7- und 15 Jahren.
Wenn man jung und verliebt ist, hat man das Glücksgefühl, sich niemals trennen zu müssen! Wobei die Familie, die Kinder und die Erlebnisse der Jahre eine große Rolle spielen.

Vielleicht auch der Verlust einer jahrelang aufgebauten Existenz.
Eine so genannte Liebe, die von muss und Zwang abhängig ist, ist keine freie und gefühlvolle Liebe mehr, machen wir uns selbst nichts vor und seien wir ehrlich zu uns selbst.
Jede Frau und jeder Mann hat das Anrecht auf eine wirklich große gefühlvolle Liebe! Das Anrecht geachtet, verehrt, geehrt, beachtet und geliebt zu werden.

Ohne Zwang, muss und Druck das gleiche Anrecht haben auch ihre Kinder, denn sie sind die Gabe ihrer geliebten Frau.

All das sollte Ihre große Liebe wert sein und sollte es passieren, dass Sie in eine Beziehung durch Liebe hineinkommen, dann sind, wenn es wirklich die große Liebe ist, auch die dazugehörigen Kinder Ihre große Liebe.

Das Ehe schiff sollte von klugen Händen geführt werden, damit es an allen Klippen heil vorüberziehen kann.
Nach 25 und 30 Jahren könnte es noch einmal in hohe Seenot geraten, wenn den alten Herrn nochmals seine Abenteuerlust überfällt.
Dies gilt für Mann und Frau, obwohl der Mann zu 65 % der größere Fremdgänger ist.
Das ist für die Frau keine schöne Situation und es verletzt ihre Gefühle sehr, es geht dem Mann nicht um die andere Frau, die viele Ehefrauen fürchten, sondern darum, sich selbst zu beweisen, dass in ihm immer noch ein Sammler und Jäger ist, und dass er als Mann noch etwas gilt und der Zauber der jungen Jahre noch nicht so ganz beendet ist.
Lassen Sie ihn gewähren, zeige ihm deine Eifersucht nicht, nur den Hauch deiner Trauer sollst du ihn spüren lassen.
Er soll wissen, dass du ihm keine Szene und keinen Ärger machst, denn das wird er bei der anderen Frau nicht finden.
Sollte dies alles jedoch keinen Nutzen haben, empfehle ich, dass Sie sich einen Anwalt nehmen.

Die Jahre der Ehe verändern sich von selbst und der Glanz lässt nach, jedoch wenn Sie regelmäßig polieren, bleibt der Glanz der Liebe auch erhalten. Schön wäre es, so lange zusammenbleiben zu können, bis der Tod uns scheidet.

Dieses kann man zweierlei verstehen, der Tod kann plötzlich und unerwartet kommen, damit trennen sich jedoch nicht beide Partner gleichzeitig, es sei denn, es geschieht durch ein von außen unvorhersehbares unvermeidbares Ereignis, der tödliche Unfall, und selbst dann werden sie sich in einem neuen Leben wieder sehen.

Wenn Sie Ihren Mann oder Ihre Frau so gut kennen, dass Sie ihm oder ihr alles sagen können und sich sicher sind, dass er oder sie dafür Verständnis haben, das Sie sich oder er sich neu verliebt haben.

Dann seien Sie ehrlich zu sich selbst und zu Ihrem Partner und sagen Sie es.

Ist dies jedoch nicht der Fall, denn man kann auch nicht immer so, wie man es am liebsten möchte, dann behalten Sie es als Ihr Geheimnis.
Viele Geheimnisse sind dafür da, um es als Geheimnis zu bewahren, damit es auch ein Geheimnis bleiben kann. Ein Geheimnis, das unter Umständen richtig gut tun kann, um aus dem Alltag des Lebens flüchten zu können, um die Seele baumeln zu lassen, um geliebt und als Frau und Mann anerkannt zu werden, um geachtet, geehrt, gestreichelt und um zu gehört zu werden, wenn man irgendetwas zu sagen hat, einfach nur man selbst zu sein.

Besser als alles zu zerstören, besser als alle Gefühle zu verletzen, besser als alles aufzugeben, unter Umständen auch das eigene Leben.
Wir alle haben Bedürfnisse, eine Sucht und einen Trieb, wer das Gegenteil behauptet, der belügt sich selbst.

Eine endgültige Entscheidung über Ihr Tun oder über Ihre Gefühle müssen Sie schon selbst finden! Nur eins sollten Sie wissen: Es kann eine Kombination zwischen der großen Liebe und der vorhandenen Existenz geben.

Wir sollten wissen das die wirkliche große Liebe alles verändert die Chemie in unserem Körper unser Herz und unsere Seele, und wir können uns auch nicht dagegen wehren, dabei ist es so was von egal, wie lange Sie schon mit Ihrem Partner oder Partnerin zusammen sind oder was für eine Existenz Sie sich aufgebaut haben. Dieser großen, unendlichen Liebe können Sie zu jeder Zeit begegnen, einer Liebe, die Sie mit Ihrem Verstand nicht ermessen können. Tatsache ist nur, dass Sie dann die Entscheidung treffen müssen, ob Sie es wollen oder auch nicht, es kann auf jeden zukommen und geschehen, denn wenn sich Die Chemie der Seele verändert, geschehen gefühlsmäßige Reaktionen und Veränderungen.

Den menschlichen Sexualtrieb schließe ich hier aus, ich schreibe hier über eine Liebe, die unabhängig von dem Trieb und dem Verstand ist. Der Sexualtrieb gehört mit Sicherheit dazu, ist jedoch in der großen Liebe nicht das Ziel, sondern nur eine Entdeckungsreise. Den Körper des anderen zu entdecken wird jedoch von unseren Gefühlen und vom Verstand gesteuert.

Extremer sexueller Trieb gehört zu einer kranken Seele und hat nichts mit einer großen Liebe zu tun. Wenn wir es begreifen, und lernen damit umgehen zu können, werden wir auch verstehen, dass die Chemie in der Liebe sich durchaus verändern kann und dass es wirklich so ist, dass wir den Menschen, in den wir uns verlieben, aus einem Leben davor schon kennen, auch wenn es uns unbewusst ist.
Bitte bedenken Sie, dies soll keine Anleitung zum Fremdgehen sein, sondern nur eine Erklärung und Hilfe für den Fall, dass es Ihnen mal widerfährt.

Wie oft hört man in den Nachrichten oder in den News, dass ein Vater seine gesamte Familie aus Eifersucht getötet hat, so extrem und krank kann eine Seele werden, durch missverstandene Gefühle.
Die liebe ist eine Eigenartige und ein oft nicht zu verstehendes Ereignis.
Eins sollte uns allen bewusst sein! Wir verlieben uns, weil wir uns aus einem Leben vor unsere Geburt schon kannten, aus einer früheren Zeit. Das verlieben gibt uns wahnsinnige Gefühle, Emotionen und Reaktionen.

Ich kann mir gut vorstellen, dass viele meiner Leser jetzt sagen werden „Was schreibt denn der Mann da?"Ich weiß, dass es nicht immer einfach ist, gewisse Dinge und Ereignisse zu verstehen. Jedoch weiß ich auch, dass alles im Leben einen Sinn und eine Ordnung hat und dass man manche Dinge teilweise besser versteht, indem man darüber spricht oder schreibt oder sie liest.

Ich erwarte auch kein Verständnis von den Jungverliebten unter euch! Ich bin auch schon mal unendlich verliebt, sich jedoch trennen zu müssen, ist für mich unvorstellbar gewesen.

Ich wünsche den frisch Verliebten unter euch von ganzem Herzen, dass ihr für immer zusammenbleibt, bis ans Ende aller Tage.

Etwas über meine Große liebe

Mein Name ist Bernhard Offermanns und ich bin nun schon seit über 30 Jahren mit meiner großen Liebe verheiratet, meine Ehefrau Margret, sie ist eine wundervolle Frau mit großem Herz und viel Gefühl, wir haben sehr viel erlebt, wir haben gelacht, geweint, viele Emotionen geteilt und viel Freude erlebt. Oft hat meine Frau sich zu viel Sorgen um ihre Mitmenschen gemacht und hat nur selten an sich selbst gedacht.

Sie hat immer alles schön zu Hause gemacht, und darauf geachtet! Dass es mir und den Kindern gut geht. Wir haben 4 Kinder, ein Mädchen und drei Jungen, und mittlerweile auch zwei Enkelkinder, Lena und Cayenne, über die wir uns heute täglich erfreuen können. Allerdings lief es in unsere Ehe nicht immer so glatt und harmonisch, wie das heute der Fall ist.

Wie in vielen anderen Ehen auch, die vielleicht nach außen hin wie eine glückliche Ehe wirken, gab es jedoch unter der Oberfläche die üblichen Probleme: Unnötige Streitereien, übertriebene Eifersucht und zunehmende Routine hatten unser Eheleben belastet.

Wir hatten uns auseinander gelebt und die anfängliche Verliebtheit ließ nach. Aber irgendwie schafften wir es erfolgreich, unsere Eheprobleme und Unzufriedenheit totzuschweigen.

Sicherlich haben ich und meine Frau sich immer um unsere Kinder gekümmert und gesorgt, heute sind unsere Kinder erwachsen und führen Ihr eigenes Leben. Auch ist es in unsere Ehe vorgekommen das meine Frau oder auch ich eine Affäre hatten, war schon eine schlimme Zeit, und so einige Gefühle worden verletzt und zerrissen.

Doch wir wussten auch, dass wir unbedingt über alles reden mussten, was wir auch getan und gemacht haben, heute ist unsere Ehe ruhiger und genießvoller geworden.

Eins kann ich ihnen nur ans Herz legen, achten und ehren sie sich gegenseitig, und seien sie immer füreinander da, dann kann Ihnen nichts geschehen.

Und nun neigt sich dieses Thema dem Ende zu! Ich bin in der guten Hoffnung, dass sehr viele Menschen dieses Buch lesen werden und dass auch viele Menschen aus diesem Buch lernen können, wobei: Das weiß ich selbst am besten, es ist nicht immer so einfach, alles im Leben zu verstehen. Oft stellt man sich auch die Frage: Was hat das Leben und die liebe für einen Sinn? Eins kann ich wohl dazu sagen, jedes Ereignis im Leben eines Menschen hat einen Sinn und eine Ordnung und einen Grund, auch dass wir uns verlieben, gehört zu uns Menschen, und ist so bestimmt.

Wir Menschen leben extrem nach unseren Gefühlen, und die liebe ist wohl mit abstand das größte schönste, extremste, und oft auch das nicht zu verstehende Gefühl für uns Menschen, jedoch sollten wir uns ein ganz besonders merken.

Die uns Widerfahrende und Überfallende liebe, ist ein Geschenk! Dass wir mit unserem neuen Leben auf Erden mitgenommen haben, mitgenommen aus einem Leben davor, denn wenn wir uns verlieben, geschied das nur, weil wir diesen Menschen schon aus einem anderen Leben davor kannten, man begegnet sich jeweils im neuen leben mehr als nur einmal, und werden von daher immer liebes mäßig miteinander zu tun haben.

Engel und Stern

Eine liebes Geschichte .

Ich begegnete einen Mann, der wohl erfahren haben musste, dass ich Bücher schreibe. Und er bad mich darum seine erlebte Liebes Geschichte niederzuschreiben, er sagte zu mir, diese Liebesgeschichte sei außergewöhnlich. Ich gab ihm mein versprechen diese Geschichte zu schreiben, jedoch wollte ich auch alle Informationen über ihm und diese Frau haben, Briefe und sonstige Sachen, dieses gab er mir, und so entstand diese außergewöhnliche Liebes Geschichte.

Wir schreiben das Jahr 2005 es war ein schöner Tag im Mai, und wie es nun mal so ist, ist jeder Tag anders, auch wenn man Manchmal vor Langweile sagt: jeder Tag sei derselbe, so ist es nicht! Den jeder Tag zählt und jeder Tag hat sein eigenes Ereignis.
So wie an jenen Tag im Mai 2005, ein Mann im mittleren Alter bekommt eine neue Arbeitsstelle.
Er ist ein Mann von mittlere Größe, mit schwarzem nicht mehr vollständigem Haar und teilweise graue Schläfen.

Beschreiben könnte man ihm folgender Massen, Familien Typ mit der Bereitschaft anderen Menschen zu helfen, Größe c, a 175, Gewicht 76 Kg eigentlich ein ideal Gewicht, nach seinen äußerlichen werte ist er ehr ein Standard Mann, nicht besonders schön, aber auch nicht hässlich. Ehr ein Denker, und seine Persönlichkeit liegt wohl in seinem Innern, die er jedoch auch von außen zeigen kann, wenn es Dan drauf ankommen soll.

Und dieser hier beschriebene Mann begegnete im Mai 2005 eine ganz besondere Frau, eine Frau, die er mit Worten nicht beschreiben konnte, auch wenn er sich noch so viel Mühe gab.
Für ihm war und ist diese Frau, die schönste Frau auf Erden, wie er es immer zu Pflegen sagte, übrigens diese wundervolle Frau arbeitete bei der gleichen Firme, wo auch er angefangen hatte.
Vom ersten Tag an als er Sie begegnete war er von dieser Frau verzaubert, und Sie ging ihm nicht mehr aus seinen Gedanken.

Er erzählte mir, er sei unsterblich in dieser Frau verliebt, und würde alles für sie tun.
Hier der Versuch diese Frau zu beschreiben! So wie er Sie mir beschrieben hat, und ich muss dazu sagen, das ich auch das vergnügen hatte diese Frau kurz zusehen, und ich muss wohl unweigerlich sagen das Sie mich inspiriert hat. Ich hoffe es geling mir nur annähend diese wundervolle Frau zu beschreiben.

Erst einmal! Ihre Schönheit, sie ist wunderschön, für mich die schönste Frau auf Erden! Die Lippen ihres Mundes sind wie ein schöner Schmollmund, und ihr kleines Näschen ist so wundervoll, jedoch ihre wundervollen blauen Augen, geben diesem Gesicht eine Königliche wundervolle Schönheit, ganz zu schweigen von ihrem wundervollen schönen schwarzen langen Haar.
Irgendwie scheint alles an dieser Frau zu stimmen, selbst ihre wundervolle Figur ist wohl für jeden Mann einfach nur der Hammer, und Sie ist sehr verführerisch, auch wenn Sie selbst nichts dafür kann.

Man muss als Mann ehrlicherweise zugeben, dass der liebe Gott hier bei dieser Frau an Schönheit maßlos übertrieben hat, dieser Angeber! Sie ist nicht besonders groß, jedoch durch ihre Schönheit und ihre Ausstrahlung die größte, irgendwie besitzt diese Frau eine göttliche Magie! Die mich unsagbar fesselt.

Manchmal glaube ich, beziehungsweise bin ich der Überzeugung! Dass diese Frau früher einmal eine Königin gewesen sein musste, jedes Mal, wenn ich Sie begegnete, läst mich das Gefühl nicht los, dass da jemand vor mir steht, der mich in seinen Bahn zieht und mich fesselt, und ihre Stimme lähmt mein Handeln .

Ich könnte jetzt noch viel mehr zu dieser Frau schreiben, oder weithin versuchen, dieser Frau noch mehr zu beschreiben, doch all meine Worte, die ich jetzt noch schreiben könnte, würde diese Frau nicht einmal annähend beschreiben, man muss sie einfach sehen und kennen lernen .

Mit der Zeit machte er jedoch, die für ihn bittere Erfahrung, dass seine Traumfrau verheiratet ist. Glücklich verheiratet und zwei wundervolle Kinder hat.

Dies sagte ihm ehrlicher weise seine Traumfrau selbst, doch das störte ihm nicht, dazu ist er wohl zu sehr unsterblich in dieser Frau verliebt. Für ihn war das ok! Und er freute sich darüber, dass diese Frau glücklich ist, und eine gute Ehe führte, er sagte zu Ihr, wenn du glücklich bist, dann bin ich es auch, denn das hast du verdient, wer sonst als du. Für ihn war das ok! Er war schon glücklich genug, wenn er nur in der Nähe dieser Frau sein konnte, und wenn es nur in der Pause war, die sie oft gemeinsam verbrachten.

Er war sehr besorgt um diese Frau, jedoch diese wundervolle Frau auch um ihn, was ihm sehr faszinierte, das hätte er sich nicht einmal im Traum, träumen lassen! Das eine Göttin sich um Ihm sorgen machte.

Er nannte diese Frau seinen kleinen Stern und gab dieser Frau immer kleine Zettel, mit der Aufschrift, Sie haben Post! Und er war auch derjenige, der an dem Wagen dieser Frau kleine Zettel unter den Scheibenwischer klemmte, dies machte er ein paar Monate lang, und es machte ihm auch nichts aus, das er darauf erst einmal keine Antwort bekam.

Jedoch eines schönen Tages bekam er von dieser Frau eine SMS.

Für mein Engel, ich bin immer wieder aufs Neue beeindruckt wie faszinierend du schreibst ich wünsche dir auch ein erholsames Wochenende und muss dir sagen, dass die letzen 2 Wochen in denen wir viel Zeit miteinander verbracht haben sehr schön unterhaltsam lustig aber auch emotional sehr intensiv waren. Danke durch dich habe ich viel über mich selbst herausgefunden, ich denke wir zwei geben und nehmen einander, freue mich auf Montag dein kleiner Stern.
Oft dachte er auch! Dass es ungerecht sei, das was er tut, denn er hatte auch Angst davor, Ihr Mann könnte so einen Zettel mal finden.
Und was dann? Er wollte nicht, dass sein kleiner Stern Probleme in der Ehe bekam, denn er wünschte sich von ganzem Herzen, das Sie glücklich ist, und es auch so bleibt, denn er hat nicht das Recht dazu! Das Glück dieser Frau oder dessen Mann zu zerstören.

Da diese Frau jedoch in diesem Mann ein Engel sah, wünschte Sie sich von Herzen eine gute freundschaftliche Beziehung mit ihm, sie und er wollten nicht, dass diese außergewöhnliche Freundschaft zwischen Mann und Frau zu Ende gehen sollte, denn beide hatten mittlerweile ein großes und Wundervolles vertrauen zueinander aufgebaut. Jeden Morgen tranken die beiden einen Kaffee zusammen und unterhielten sich sehr intensiv. Er hörte Ihr zu, und Sie ihm.

Sie führten ehrliche und offene Gespräche miteinander, er erzählte etwas über sich und Sie von sich. Sie lachten miteinander, und Manchmal gab es auch vor lauter Emotion eine kleine Träne.

Er half Sie und Sie ihm, wenn es dann nötig war.
Eines schönen Tages, nachdem er schon unendliche kleine Briefe geschrieben hatte, schrieb er seinen Stern einen etwas längeren Brief, und übergab ihm persönlich.

Er lautete Folgender maßen

Hallo mein kleiner wundervoller Stern!

Verzeihe mir das Ich dir diesen kleinen Brief, schreibe, doch meine Gefühle dir gegenüber muss ich jetzt einfach ausdrücken.
Als ich deine SMS gelesen habe, konnte ich meine Tränen nicht unterdrücken, Sie waren einfach da, deine Worte beim Schreiben, deine Herzlichkeit, und deine wundervolle Phylosovie beim Schreiben, berühren mein Herz und meine Seele sehr.

Ich denke so viel an dich, und dein Zauber lässt mich einfach nicht mehr los, das tiefe Verlangen dich zu spüren, dich zu streicheln, dich zu lieben, und dein wundervolles Haar zu berühren, lässt mich einfach nicht mehr los. Wie gerne wäre ich nur für 2 Stunden mit dir ganz alleine, sorry!
Einfach nur den Duft deiner schönen Haut spüren, deine Haut zu streicheln, dich lieb zu haben, für dich da zu sein, und deinen Super tollen Körper zu fühlen, bitte verzeihe! Ich weiß nicht mehr, wie lange ich es noch aushalten kann, irgendwann der Versuchung nah zu sein, das alles mit dir zu tun: sorry! Das bin ich nicht! Das sind nur meine Gefühle für dich.

Ich vermisse dich in jedem Moment, deine wundervollen Augen, deine kleinen Härchen auf deiner Haut, dein unendlich Liebens verlangender Mund und dein wundervolles schönes Haar.

Bitte entschuldige! Dass ich dieses schreibe, ich bin unsterblich in dich verliebt, du bist eine ganz besondere außergewöhnlich Frau und deine Kinder sind wundervolle Kinder, Sie habe deine königliche Gabe.

Du gibst mir so viel, in dem du nur einfach in meiner Nähe bist, ganz zu schweigen von dem, was ich dann am liebsten tun möchte. Ich möchte mich auch für deine Bemühungen bedanken, für das Vorlesen meiner Karte, für das tun und machen in deine Familie, ich bin mir so sicher! Dass du alles schön und schick zu Hause gemacht hast, auch wenn es für dich selbstverständlich ist, weiß ich doch dass du es mit viel viel Liebe tust, danke für das Wundervolle in dir.
Danke für alles! Danke, dass es dich einfach nur gibt, du süßer kleiner Stern.

Bitte entschuldige! Dass ich dich mit meinen Gefühlen belaste, ich weiß ja das Du glücklich bist, das gönne ich dir von ganzen Herzen, das steht dir zu, denn du bist, die Königin! Und mein kleiner wundervoller Stern, nur zu wissen diesen kleinen Stern in meinen Leben zu haben, macht mich glücklich.

Ich liebe dich.

                                              Dein Engel

Auf diesem Brief antwortet der kleine Stern mit folgender SMS

Hallo Engel

Dein Brief ist wunderbar einfach total herzlich und aufregend, mir ist Schon aufgefallen, dass du sehr nervös in meiner Nähe bist, du beschreibst deine Gefühle sehr offen, finde ich einerseits total klasse.

Andererseits kann ich dir wirklich nur meine aufrichtige Freundschaft geben oder anbieten doch du hast es verdient, dass eine Frau dich auch so liebt, zu welche Liebe du fähig bist, ich möchte einfach nur das Du von ganzem Herzen ein glücklicher Mann bist.

Und unsere Freundschaft bedeutet mir sehr viel, was wir miteinander teilen, wird für viele unverständlich sein, aber zu lieben Zuneigung Verständnis und Ehrlichkeit ist für viele Menschen in dieser Kombination leider nicht möglich ihnen fehlen diese Werte, weil der Egoismus an erster Stelle steht. Dank!

Hallo kleiner Stern!

Möchte dir deine SMS beantworten! Du hast gefragt: darf es wirklich sein das Du mich liebst, ja es ist in deinem Leben bestimmt, das wir uns begegnen mussten, alles hat einen Sinn und einen Grund, jedes Ereignis in deinem Leben wird von Gott geleitet: warum das so ist? Erfahren wir wohl erst zu einem späteren Zeitpunkt.

Deine andere frage lautet! Wie komme ich damit klar, dass ich dich so liebe, na ja! Ich denke! Dass es meine Aufgabe ist, dich darauf aufmerksam zu machen: Dass es auch in Zukunft für dich einen Engel gibt, der dich über alles in der Welt liebt, auch das Gefühl der liebe für dich! Wird mit Sicherheit von Gott gegeben.
Warum das so ist, kann ich dir leider noch nicht sagen, jedoch wird es in Zukunft eine Offenbahrung geben in deinen leben, die deine Seele und dein Herz berühren werden.

Zu dieser Zeit wirst du wissen, dass dein Engel für dich dar sein wird, du brauchst ihn nur zu suchen, und du wirst ihm finden, bis ans Ende aller Tage.

Bitte sei nicht Böse auf deinem Engel, dass ich dir so was schreibe! Meine Aufgabe ist soweit erfüllt, jetzt muss ich etwas weniger Zeit mit dir verbringen, denn du bist eine wundervolle Königin.
Ich muss unweigerlich zu geben, das es mir sehr schwer fällt dir zu wieder stehen, dein Sexspiel, dein Zauber und deine Macht, sind doch sehr stark! Und ich muss sehr aufpassen, dass ich diesem Zauber nicht verfalle.

Du bist zu einer sehr wichtigen Person in meinem Leben geworden, du wurdest mir von Gott zu geteilt, und ich weiß! Das, wenn du es wirklich drauf anlegen würdest, ich mir einfach alles von dir gefallen lassen würde, also muss ich schon sehr vorsichtig sein, denn eine so wundervolle Schönheit, wie du es bist, kann man einfach nicht widerstehen, diese Kraft hätte ich nicht.

Wichtig ist jedoch das Du glücklich bist, und es gehört nicht zu meiner Aufgabe, deinem Glück im Wege zu stehen.

Dein Engel werde ich jedoch bleiben, und das mit (Sie haben Post) werde ich wohl etwas reduzieren müssen, aus Zukunft sicheren Gründen, sorry!

Ich wünsche dir und deiner Familie alles Gute und liebe, so wie viel Glück und Gesundheit, ich freue mich immer dich zu sehen, du hast mein leben schöner gemacht! Lass uns nicht die Zeit erzwingen: Lassen wir diese Zeit gewähren, dann wird sie uns Rosen bringen. Danke, dass es dich gibt! Und ich das vergnügen und die Freude habe dich zu kennen.

Dein Engel auf Erden

Auf diesem Brief antwortet der Stern einen Tag später mit folgendem SMS.
Hallo mein Engel

Ich habe gerade deinen Brief nochmals gelesen, und empfinde tiefe Traurigkeit es klingt so nach Abschied es fühlt sich so an, als ob ich etwas Kostbares verloren habe, es klingt jetzt egoistisch aber ich möchte meinen Engel nicht verlieren, aber ich verstehe dich, es tut mir wirklich leid das sich dies alles so entwickelt hat, vielleicht hätte ich schon früher offen darüber sprechen sollen.

Es war keine Absicht Hoffnung zu wecken, verzeih mir Bitte, weißt du was ich mir wünsche würde, das du mich in den Arm nimmst und ich meine Tränen weinen darf, die sonst keiner sehen darf, sorry bin total daneben, wird aber morgen wieder okay sein. Auch ich habe ein Recht meine Gefühle zu leben echt! Dein kleiner Stern.

Einen Tag später, nahm der kleine Stern den Engel spontan in den Arm und drückte ihn ganz fest an sich, für ihm Kamm diese Emotion der liebe nicht spontan, im Gegenteil! In diesem Moment war er wohl der glücklichte Mann der Welt.

Und das Schönste an diesem Ereignis, war das dieser kleine Stern darauf hin noch eine SMS schrieb.

SMS vom Stern

Hallo Engel

Sorry für die Umarmung, da war mir einfach nach, kann und möchte so etwas nicht planen und festlegen Gefühle sind nun mal spontan, Du wirktest schon überrascht! Sorry für den Überfall, aber ich glaube so schlimm war es nun doch nicht für dich oder? Ich habe mich dabei einfach nur wohl gefühlt echt!

Und eines schönen Tages nahm er allen Mut zusammen, und bad dieser Frau darum, sich mal mit ihm zu treffen, er gab ihr das versprechen nichts zu tun, was sie nicht erlauben würde.
Und aus dieser Freundschaft zwischen einem Stern und einem Engel entstanden folgende kleine Briefe und Worte. Wobei er die meisten und die größten Briefe geschrieben hat. Und einen Teil dieser Briefe könne sie jetzt in diesem Buch lesen.

Sie haben Post!

SMS vom Stern

Hallo Engel deine spontane kleine Post ist total süß du bist wirklich verrückt möchte dir noch sagen, dass ich dir voll vertraue, wenn wir mal alleine sind, und nur deswegen stimme ich dem zu, aber wenn du zweifel', hast deine Gefühle zu kontrollieren lass es mich bitte wissen denn unsere Freundschaft bedeutet mir zu viel, ich möchte nicht das da mal etwas zwischen uns steht, was diese wundervolle Beziehung trüben oder zerstören könnte, sorry für meine Bedenken, ich möchte nur das du das weißt, was in mir vorgeht ich freue mich auf dem nächsten Kaffee, dein kleiner Stern.

Ein Tag nach dem treffen!

SMS vom Stern

Hallo Engel! Freut mich das Es geklappt hat, und die Gespräche gestern einfach toll, ich fühle mich einfach wohl einfach gut in deiner Nähe, auch wenn mich deine Blicke manche Worte verlegen machen, na ja bis später, freue mich auf die Pause, dein kleiner Stern.

Da der Mann überzeugt davon ist, dass diese Frau schon einmal gelebt hat, schrieb er Ihr folgenden Brief.

Hallo kleiner Stern!

Habe deinen kleinen Brief gestern mehr als nur einmal gelesen, du fragst danach, woher der Name Sarasvati kommt, ehrlich gesagt! Kann ich es dir auch nicht sagen, jedoch habe ich mir den Namen durch einen Traum gemerkt.
Ich hatte vor c, a ein halbes Jahr einen Traum, in diesen Traum war eine Königin! Und diese Königin war unsagbar schön! Seltsam war nur, dass diese Königin immer Ihr Volk mit Rat und Tat zu Seite stand, und sie hat jedem geholfen der in Schwierigkeiten war.
Sie hatte eine wundervolle Seele und ein großes Herz, was ich jedoch noch nicht herausgefunden habe, dass die Königin immer in Begleitung eines jungen Mannes war. Die Königin hatte diesen jungen Mann immer unterstützt und ihm geholfen so, wie Sie es konnte.
Wer dieser junge Mann ist, weiß ich nicht! Weiß du es vielleicht? Der Traum war schon sehr sehr seltsam, den diese Königin wurde immer wieder neu geboren, und was noch seltsamer war! Der Mann an Ihrer Seite auch.

Und ich hörte immer Musik! Und den Namen Sarasvati.
Bitte erkläre mich jetzt nicht für verrückt! Als ich mit Hans zu dir nach oben kam, um zu fragen, ob ich mit Euch arbeiten kann, war mir so als kenne ich dich schon eine sehr sehr lange Zeit. Irgendwie hast du einen Zauber an dir, und als du mir deine Hand noch reichte, Kamm mir der Gedanke mit dem Traum! Irgendwie hast du die Erinnerung daran geweckt, obwohl ich schon lange nicht mehr daran gedacht habe. Da war wieder diese unsagbare Schönheit, die ich aus dem Traum davor kannte. Nicht nur das, Sondern auch unendliche Gefühle, die mich einfach überrannten.

So wie ich es immer schon sage alles im Leben ist bestimmt, und es gibt keine Zufälle, jetzt! Weiß ich, wer diese Königin in diesem Traum war! Du! Du! Bist wieder neu geboren wurden, jedoch wo ist der junge Mann, könnte das ein Bruder von dir sein?
Und sollte diese Königin, wirklich durch einen Gewaltsamen tot gestorben sein, dann müsste sich das Wiedergeburt Merkmal an der Seite deiner Rippen befinden, oder auf dem Kopf.
Und was hast du mit Musik zu tun?

Deine Formulierung mit den zwei Seelen, kann ich dir nicht widersprechen, schön ist jedoch das Du die eine Engelchen nennst, und die andere Teufelchen! Einfach Süß.
Auf die frage, ob auch noch andere Menschen solche Gespräche führen wie wir, kann ich dir nur sagen! Was Dr. Bayer in seinem Buch darüber schreibt: Dass es auf dieser Welt nur sehr wenige Menschen gibt, die die Gabe haben, sich auch im neuem Leben an das alte zu erinnern. Schätzungsweise nur c, a 3000 Personen von derzeit 5 Milliarden Menschen.

He Du! Ich verstehe dich voll und ganz, dass du deine Mitmenschen hilfst, finde ich wundervoll! Und dass du es nicht an der großen Glocke hängst, zeigt deine königliche Persönlichkeit.

Weiß Du! Ich bin davon überzeugt, dass wir uns aus einem anderen leben, kennen so, wie du auch der Überzeugung bist, dass es ein Leben nach dem Tode gibt.

Weiß Du! Als du gestern noch mal zum Arbeitsplatz gekommen bist hab ich mich ganz toll gefreut, irgendwie fühle ich mich zu dir hingezogen, und irgendwie bin ich wie verzaubert. Wenn du nur wüsstest, wie sehr ich dann von meinem Gefühlen dir gegenüber, überfallen werde:

Ganz zu schweigen von dem Glanz deiner Augen, oder dein schönes Haar. Na ja ich muss jetzt aufhören. Ach, bevor ich es vergesse! Bitte ich dich darum, Bitte Bitte! Nehme dir mal eine Stunde Zeit, damit wir mal ganz alleine ein Gespräch führen, können Bitte Bitte! Denn nach dem Gespräch möchte ich herausfinden, ob es wirklich diesen Namen Sarasvati in der Vergangenheit gegeben hat, sollte es so sein, dann habe ich Angst!

Dein Engel auf Erden!

Darauf hin schrieb der Stern eine SMS an den Engel

Hallo Engel
Deine Geschichte von gestern macht mir keine Angst, nein es betätigt mir, nur woran ich immer geglaubt habe, und deshalb habe ich auch keine Angst vor den Tode : den es gibt ein Leben danach, da ist eine Kraft in mir die es schafft Menschen, die ich geliebt habe und die gestorben sind zwar mit Tränen gehen zu lassen, aber in dem Bewusstsein das diese Lieben von mir in ein neues Leben gehen, wo es auch ein wieder Sehen geben wird, über diese Widergeburtszeichen habe ich noch nie nachgedacht, und wo soll meine Narbe sein? Weißt du darüber auch Bescheid? Welche Aufgaben hast du in dieser Welt? Du bist wirklich ein Engel oder?

Die beiden hatten noch viel Zeit miteinander verbracht, und ich weiß von diesem Mann, dass diese außergewöhnliche Freundschaft immer noch irgendwie besteht. Leider nicht mehr so intensiv wie noch vor ein paar Monate, der Mann hat sich selbst zurückgezogen, er fühlt sich im Innern schlecht und gemein und denkt! Dass er nicht das Recht dazu habe, dass Leben oder die Liebe die sein kleiner Stern mit ihrem Mann führt, in irgendeiner Hinsicht zu zerstören.

Sicherlich wäre er überglücklich, diese Frau als Freundin oder gar als Frau zu haben. Jedoch weis er ja das diese Frau glücklich ist mit ihrem Mann, und das die beiden zwei wundervolle Kinder haben.
All das hat er akzeptiert.

Eins sagt der Mann heute noch zu mir, er danke den lieben Gott, das er das Vergnügen hatte diese Frau zu begegnen oder Sie als Freundin zu haben, in der guten Hoffnung auch in Zukunft mit seinen Gedanken bei ihr sein zu dürfen.
Er schrieb ihr noch weitere kleine Briefe mit der aufschrifft Sie haben Post, und noch einem etwas längeren Brief. Dieser Brief konnte ich jedoch nicht einsehen, beziehungsweise wurde sein Wortlaut vergessen. Die einzigen Worte die noch zu deuten sind ist, Ich werde meinen Weg gehen, so oder so mit oder ohne den wundervollen kleinen Stern.

Darauf hin schrieb der kleine Stern folgende SMS

Sie haben Post , also mein Engel muss dir antworten auf deinem Brief, ich sage deine Aussage klingt falsch Richtig ist du wirst deinen Weg gehen , aber dein kleiner Stern wird dich immer begleiten in Gedanken oder per SMS .Wir sind uns begegnet das war so vorgesehen ,wir teilen Gedanken , Erinnerungen , und das Lachen, und das kann uns keiner nehmen, außer wir selbst wenn wir einander vergessen würden. Aber das wird nicht passieren, dieses Band zwischen uns ist stark, auch wenn die Gefühle unterschiedlich sind. Aber sie kommen von Herzen, du hast einen festen Platz in meinem Herzen, und ich wünsche mir, dass wir uns das immer wieder in Erinnerung rufen, wenn es uns schlecht oder gut geht, wenn wir lachen oder traurig sind. Ich glaube an uns, und es wird keinen Abschied für uns geben. Dein kleiner Stern .

So endet diese außergewöhnliche Freundschaftliche so genannte Liebesgeschichte, zwischen einen Engel und einen Stern.
So ungewöhnlich dies auch für sie klingen mag, hat es zwischen den beiden, hin und wieder zwar eine Berührung gegeben, und kleinere Zärtlichkeiten, jedoch nie eine sexuelle oder intime Liebesbeziehung.

Viele Menschen können sich das leider nicht vorstellen, jedoch gibt es im Bereich der Gefühle der Menschen, die verschiedensten Arten von Emotionen, Zärtlichkeiten, Gefühle, Gedanken und Persönliche nicht beschreibliche Eigenschaften der Liebe.

Nur für dich !   Echt !

Widmung

Dieses kleine Buch widme ich allen verliebten, Eheleute und diejenigen die in einer Partnerschaft leben und lieben.
Meiner geliebten Frau Margret, unsere Kinder Thomas, Sascha, Stephanie und David. Unsere Enkelkinder Cheyenne, und Lena. Sowie alle Mitmenschen auf Erden.

Bernhard Offermanns

Weitere Bücher dieses Autors sind veröffentlich worden.

Bernhard Offermanns

Spielregeln des Lebens
Oder die Reise aus dem Ich

Verlag   Books on Demand GmbH Norderstedt

ISBN 978-3-8370-0332-1

Bernhard Offermanns

Herr der Seele
Leben wir öfters als einmal?

Verlag - PBV Norderstedt

Lulu Nr. 5800030995209

Bernhard Offermanns

Why do we fall in love

Verlag - LuLu com Distributor

ISBN 978-1-4452-7163-7

Zum nachdenken!

Als Kind habe ich mir zu Weihnachten 1966 eine Jacke gewünscht, dieser Wunsch erfüllte sich dann erst zu Weihnachten 1969, eine Jacke die ich schon immer haben wollte, mit vielen Taschen und Fransen, so ähnlich wie eine Indianerjacke.
Für mich war es die schönste Jacke die es gab auf dieser Welt, und sie passte mir so gut, als sei sie für mich gemacht worden. Ab und zu holte ich diese vom Bügel, und schaute sie mir an. Ich war so Stolz diese schöne Jacke zu besitzen, und am liebsten hätte ich sie all meinen Freunden gezeigt, jedoch war meine Angst zu groß es könnte etwas an dieser Jacke kommen, das sie schmutzig werden könnte, oder sie mir gar kaputt gehen würde.
Doch eines schönen Tages war es so weit, ich wollte diese Jacke jetzt endlich tragen, und sie der ganzen Welt zeigen. Doch ! es ging nicht mehr, sie war mir zu klein geworden, vor lauter warten und Angst es könnte etwas an der Jacke kommen, war ich hinaus gewachsen, sie passte mir nicht mehr.

Damit möchte ich nur sagen! Wenn sie die Gelegenheit haben, sich bei Ihren Mitmenschen für irgendetwas zu entschuldigen, oder irgendjemand dem Sie sehr lieb haben etwas Wichtiges zu sagen haben , um das Leben schöner zu gestallten, oder liebe zu bekommen, dann tun Sie es gleich und sofort. Sie gehen sonst das Risiko ein, es niemals mehr tun zu können.

Bernhard Offermanns

www.ingramcontent.com/pod-product-compliance
Lightning Source LLC
Chambersburg PA
CBHW071700040426
42446CB00011B/1849